墨香财经学术文库

"十二五"辽宁省重点图书出版规划项目

U0656685

大国财政分权影响居民
消费的理论与经验研究

Theoretical and Empirical Research on the Impact of Fiscal
Decentralization on Household Consumption in Major Countries

袁浩然　肖思羽　著

东北财经大学出版社　大连
Dongbei University of Finance & Economics Press

图书在版编目（CIP）数据

大国财政分权影响居民消费的理论与经验研究 / 袁浩然，肖思羽著.
一大连：东北财经大学出版社，2023.12
（墨香财经学术文库）
ISBN 978-7-5654-5042-6

Ⅰ.大… Ⅱ.①袁… ②肖… Ⅲ.财政分散制－影响－居民消费－研究－中国
Ⅳ.①F812.2 ②F126.1

中国国家版本馆CIP数据核字〔2023〕第228564号

东北财经大学出版社出版发行

　　大连市黑石礁尖山街217号　邮政编码　116025

　　网　　　址：http://www.dufep.cn

　　读者信箱：dufep@dufe.edu.cn

大连永盛印业有限公司印刷

幅面尺寸：170mm×240mm　字数：153千字　印张：11.5　插页：1
2023年12月第1版　　　　　　2023年12月第1次印刷
责任编辑：蔡　丽　吴　焕　　责任校对：一　心
封面设计：原　皓　　　　　　版式设计：原　皓
定价：78.00元

教学支持　售后服务　　联系电话：（0411）84710309
版权所有　侵权必究　　举报电话：（0411）84710523
如有印装质量问题，请联系营销部：（0411）84710711

前 言

　　本书成稿于作者的国家社会科学基金青年项目《大国财政分权影响居民消费的理论与实证研究》，此次出版将数据更新到了2022年。本书全面分析和验证了财政分权对居民消费的影响，进一步完善了影响居民消费的财政因素；考虑了面积、人口、经济总量、市场等因素在一国财政分权中的地位和作用，将在一定程度上补充和丰富已有的财政分权理论；在中国当前外需疲软、居民消费需求不足的情况下，研究大国财政分权影响居民消费的机理机制，有助于进一步优化我国财政分权体制和构建扩大居民消费需求的长效机制，从而稳定经济增长和改善民生，提高人民的幸福指数。本书以国内外已有相关研究成果为基础，以第一、二代财政分权理论、绝对收入假说和生命周期理论为依据，进行大国财政分权影响居民消费的理论与经验研究，研究内容主要包括：

　　一、大国财政分权影响居民消费的机理研究

　　在财政分权理论和居民消费理论的基础上，构造具有财政分权因素的消费函数，从财政收入分权、财政支出分权和转移支付三个方面分析了大国财政分权影响居民消费的机理：中央与地方进行财政收入分权以后，地方政府会从加大地方税收的征管努力、发展隐性负债来获得资金、谋求预算外收入和制度外收入、发展土地财政等四个方面来获得收入，这四种行为都涉及地区居民的收入，会对居民消费造成影响；财政支出分权使得地方政府更偏向于经济性财政支出，相对地民生性财政支出就会减少，这会加剧居民对未来不确定性的预期，从而减少居民消费；不论是有条件的转移支付还是无条件的转移支付，都会产生漏出效应，从而增加居民消费。

二、大国财政分权与居民消费的特征事实描述

中国是典型的大国，中国财政是大国财政，中国财政分权是大国财政分权；但是中国的居民消费率不仅远远低于典型大国的居民消费率，在典型大国中排在倒数第一，就是跟一些较小的国家进行比较，中国的居民消费率也是偏低的。虽然随着经济的发展，中国的居民人均消费水平也在不断提高，但是不可忽视的一个重要事实是，中国城乡居民消费水平之间的差距在日益扩大。通过描绘大国财政收支分权与居民消费的一系列散点图，并进行线性拟合，我们发现中国的财政收支分权对居民消费的影响呈现出非常明显的非对称性特征。

三、大国财政分权对居民消费影响的经验研究

第一，运用中国1995—2022年27个省级行政区政府的面板数据，根据财政分权度量方法的不同一共设置了8个模型，经验验证大国财政分权对居民消费的影响程度。研究发现，每一类财政分权对全国居民消费的影响都显著为正，所有类别的财政支出分权对全国居民消费的影响系数都要远远大于财政收入分权对全国居民消费的影响程度。

第二，根据1995—2022年24个省级行政区的面板数据分别验证了大国财政分权对城镇居民消费的影响和大国财政分权对农村居民消费的影响。研究发现，虽然大国财政分权对城镇居民消费和农村居民消费的影响都基本上显著为正，但是大国财政分权对农村居民消费的影响程度要明显高于大国财政分权对城镇居民消费的影响程度。

第三，实证检验了大国财政分权对东、中、西部地区居民消费的影响。研究发现，8 类财政分权指标对东、西部地区居民消费的影响基本在 1% 的水平上显著为正，预算内财政分权对中部地区居民消费的影响显著为正，但是所有预算内外财政分权对中部地区居民消费的影响都不显著。无论是东部、中部还是西部地区，所有财政支出分权的影响系数都要明显大于财政收入分权的影响系数，这与大国财政分权对全国居民消费影响得到的结论一致。就预算内财政收入分权而言，东部和西部地区的影响系数要明显高于中部地区；就预算内财政支出分权而言，西部地区的影响系数要明显高于东部地区，而东部地区的影响系数又要略高于中部地区；就预算内外财政收入分权而言，东部地区的影响系数要略高于西部地区；就预算内外财政支出分权而言，东部地区的影响系数要明显小于西部地区。由此我们可以看出，在中央和地方的财政关系上，西部地区处于最有利的位置，而中部地区处在一个不利的位置。

第四，实证检验了大国财政分权对东、中、西部地区城乡居民消费的影响。大国财政分权对东部地区城乡居民消费的影响、对中部地区城镇居民消费的影响和对中部地区农村居民消费的影响都显著，对西部地区城乡居民消费的影响均不显著。大国财政分权对东部地区城乡居民消费的影响和对中部地区城镇居民消费的影响为正，对中部地区农村居民消费的影响为负。从整体上看，大国财政分权对东部地区城乡居民消费的影响程度要大于对中部地区城乡居民消费的影响程度，对中部地区城乡居民消费的影响程度又要大于对西部地区城乡居民消费的影响程度。

四、优化大国财政分权体制，构建扩大居民消费需求的长效机制

把扩大居民消费需求、提升人民幸福感作为衡量央地财政关系好坏的一条重要标准；优化财政收入分权体制，硬化地方政府财政收入约束是关键，必须在制度上对地方政府的隐性负债、土地财政进行规制。当前央地财政支出分权体制要作出的改变就是，地方政府的支出重点还是应该放在民生性财政支出上，让老百姓对当前和未来的生活有安全感，这样老百姓才会敢花钱，提升当下的生活质量；中央对地方政府转移支付的主要目的是平衡各地区的财力，实现公共服务均等化，尤其应该注重城乡公共服务均等化问题，这对缩小城乡收入差距和城乡居民消费差距会有帮助。

作　者

2023 年 9 月

目录

第 1 章　引言

1.1　研究背景

改革开放以来，为了调动地方政府发展经济的积极性，中央"放权让利"，央地实行"分灶吃饭""包干制"，由此带来的一个后果就是"两个比重"①严重下降。1993 年，中央财政收入占全国财政收入的比重下降到了 22%，中央的权威性受到挑战。在这种情形下，1994 年，我国进行了"分税制"改革，"两个比重"明显上升。1998 年，我国开始构建与社会主义市场经济体制相适应的公共财政体制（高培勇，2018）。随着经济体制改革的进一步推进，中共十八届三中全会确立了建立现代财政制度的目标，将财政提升到"国家治理的基础和重要支柱"的高度。党的十九大报告明确提出要"建立权责清晰、财力协调、区域均衡的中央和地方财政

---

①　财政收入占 GDP 的比重和中央财政收入占全国财政收入的比重。

关系"。

随着财政分权体制的不断变革，我国的居民消费情况也发生了很大的波动。1978年，中国居民消费率为48.4%；1983年，居民消费率达到改革开放以来的最高点53%。分税制改革实施以后的一段时间内，居民消费率一直稳定在45%~46%。2003年，居民消费率显著下降为42.9%；2005年至今，居民消费率一直在40%以下。[①]财政分权与居民消费之间的逻辑联系是什么，值得我们深入探讨。

2001年11月中国加入WTO以后，与其他国家的贸易摩擦几乎就没有间断过。中美之间近些年一直存在贸易争端。2008年，由美国次贷危机引发的世界经济危机让全球经济都陷入了低迷的状态，中国的出口也受到了很大的影响。贸易摩擦和经济危机都警示我们，依靠出口拉动经济增长还是会面临很多的不确定性因素。2012年，中国的经济增速开始呈下滑态势，GDP年增长率连续3年不到8%；2015年，又开始连续3年不到7%。根据经济发展的新常态，2015年11月10日，习近平总书记在主持召开的中央财经领导小组第十一次会议上明确提出"着力加强供给侧结构性改革"。党的十九大报告要求"坚决破除各方面体制机制弊端"，这意味着如果现有的财政体制抑制了居民消费的增长，也是应该进行调整和改革的。2018年政府工作报告指出，我国当前正处在转换经济增长动力的关键时期，经济增长由以前的"主要依靠投资、出口拉动转向依靠消费、投资、出口协同拉动"，今后要"增强消费对经济发展的基础性作用"。党的二十大报告明确指出："我们要坚持以推动高质量发展为主题，把实施扩大内需战略同深化供给侧结构性改革有机结合起来，增强国内大循环内生动力和可靠性。"这意味着在当前经济形势下，急需提高居民消费，扩大内需。正是基于中国经济增速下降、居民消费需求

---

① 根据《中国统计年鉴》的相关数据计算而得。

不足、对外贸易摩擦不断、世界经济低迷的背景，本书试图从体制改革的角度探讨大国财政分权影响居民消费的机理，并进行实证检验。

1.2　研究意义

1.2.1　理论价值

本书考虑了面积、人口、经济总量、市场等因素在一国财政分权中的地位和作用，将在一定程度上补充和丰富已有的财政分权理论；全面分析和论证了财政分权对居民消费的影响机制，进一步完善了影响居民消费的财政因素。

1.2.2　应用价值

在中国当前外需疲软、部分行业产能过剩、居民消费需求严重滞后的情况下，研究大国财政分权影响居民消费的机理机制，有助于进一步优化我国财政分权体制和构建扩大居民消费需求的长效机制，从而稳定经济增长和改善民生，提高人民的幸福指数。

1.3　文献综述

扩大居民消费是中国未来稳定经济增长的关键。中国作为一个人口、面积、经济和市场大国，居民消费却严重不足。1997—2008年，居民消费需求占总需求的平均比率仅为34%，而同期其他几个典型大国如印度为55%，俄罗斯为50%，美国为71%（李永友，2010）。中国1994年实行分税制财政分权改革，同时伴随着居民消费需求的下滑，两者在时间上有很强的相关性。这究竟是巧合还是两者之间有某种必然联系？作用机理是什么？如何通过优化大国财政分权来提高居民消费需求水平，从而稳定经济增长？国内外学者沿以下路径开展关于这一主题的研究。

1.3.1　大国财政的提出和大国财政分权研究

贾康（2007）提出了"大国财政"一词。邓力平和曾聪（2014）、刘尚希和李成威（2015，2016）、杨志勇和樊慧霞（2016）、卢洪友（2016）、王雍君和赵国钦（2016）、樊丽明（2017）等众多财政学界的著名学者都纷纷撰文发表自己对于"大国财政"的观点。

王永钦等（2007）从分权式改革视角分析了中国的大国发展道路。

童光辉（2010）用历史分析法阐述了小农经济和大国财政之间的弹性关系。

卓勇良（2010）提出大国中央财政的比例应低于小国。

Blanchard 和 Shleifer（2001）认为分权背后是否有一个强有力的中央权威是中国和俄罗斯分权绩效差异的关键因素。

Berkowitz 和 Li（2000）、Zhuravaskaya（2000）也比较了中俄财政分权。

Matinez-Vazquez 和 Rider（2005）比较了中国和印度的财政分权及其经济后果。

李淑霞（2006，2007，2012）、李淑霞和张中华（2007）、辜丽珊（2008）分别研究了俄罗斯和印度的财政分权问题，并对中印、中俄的财政分权模式及其绩效进行了比较。

1.3.2　财政分权的度量

到底用什么指标来度量财政分权，学界莫衷一是。对同一问题的研究，往往因为度量指标选取的差异，研究结论大相径庭。最著名的莫过于 Tao Zhang 和 Hengfu Zou（1998）以及 Yifu Lin 和 Zhiqiang Liu（2000）对财政分权与中国经济增长关系的研究，前者得出了财政分权与中国经济增长负相关的研究结论，而后者的研究结论恰恰相反，认为财政分权与中国的经济增长正相关，这都是因为他们对财政分权的衡量方法不同。

我们梳理了一下，目前学界有以下几种测度财政分权的方法：

第一，Oates（1972，1999）、Hamid Davoodi 和 Hengfu Zou（1998）、Tao Zhang 和 Hengfu Zou（1998）用地方政府的财政收支与全部财政收支的比值来度量财政分权。

第二，Yifu Lin 和 Zhiqiang Liu（2000）用自有收入的边际增量来测度财政分权。

第三，张晏和龚六堂（2005）设计了12个财政分权指标，分别是预算内地方本级财政收支占中央预算内本级财政收支的比重、预算内外地方本级财政收支占中央预算内外本级财政收支的比重、各省扣除经转移支付本级财政支出占中央预算内本级财政支出的比重以及用相应的人均指标来度量财政分权。[①]

第四，龚锋和雷欣（2010）认为应用多维度的指标来测度财政分权，他们设计了6个指标来分别衡量财政收入的分权度、财政支出的分权度和财政管理的分权度。特别值得一提的是，龚锋和雷欣（2010）的研究不仅考虑了人口规模对财政分权度的干扰，还考虑了经济规模对实际分权度的影响。

第五，温娇秀（2006，2010）、邓可斌和易行健（2012）用人均各省本级财政支出与人均中央财政支出（包括预算内支出与预算外支出）的比值、人均各省本级财政支出与人均中央财政支出、人均省级财政支出之和的比值来度量财政分权。

第六，徐永胜和乔宝云（2012）通过建立理论模型来设计财政分权的衡量指标，李一花、刘蓓蓓和高焕洪（2014）设计指标测度了基层的财政分权，徐国祥、龙硕和李波（2016）也编制了财政分权指数。

---

① 张晏，龚六堂. 分税制改革、财政分权与中国经济增长 [J]. 经济学（季刊），2005，4（4）：75-108.

1.3.3 财政分权与经济增长

第一代财政分权（Tiebout，1956；Musgrave，1959；Oates，1972）和第二代财政分权（Dewatripont & Maskin，1995；Qian & Weingast，1996，1997；Qian & Roland，1998）主要考虑公共品配置效率和不同层级政府的激励机制问题，都认为合理的财政分权有利于经济增长和社会福利水平的提高。

Tao Zhang 和 Hengfu Zou（1998）、Yifu Lin 和 Zhiqiang Liu（2000）、沈坤荣和付文林（2005）、张晏和龚六堂（2005）、周业安和章泉（2008）等检验了中国财政分权与经济增长的关系，未得出一致的结论。

Qian 和 Roland（1998），张晏（2007），王文剑、仉建涛和覃成林（2007），靳涛（2008），王德祥和李建军（2008），朱轶和熊思敏（2009），朱轶和涂斌（2011），周中胜和罗正英（2011），安苑（2009），任志成、巫强和崔欣欣（2015）等探讨了财政分权对投资或出口的影响。

1.3.4 财政分权影响居民消费的机理

李永友（2010）认为财政分权体制将主要公共品提供义务赋予地方政府，而中国的财政分权策略又严重扭曲了地方政府的公共品供给意愿，两者结合造成居民个人和社会承担了许多本应由政府承担的支出义务，从而导致居民谨慎性消费动机的增强，抑制了当期消费需求。

1.3.5 财政分权对居民消费影响的计量经济研究

肖芸和龚六堂（2003）在财政分权框架下讨论消费者行为、地方政府行为和中央政府行为之间的 Nash 均衡解。

Faguet（2004）运用玻利维亚分权前后的数据，证实了财政分权有利于政府更好地满足民众对公共人力资本和社会服务的需求。

王青和张峁（2010a，2010b）研究了中国财政分权对居民消费和农村居民消费的影响，发现财政分权提高了居民消费水平。

邓可斌和易行健（2012）将财政分权引入到跨期消费资产定价模型中，认为财政分权通过影响预期收入和未来收入的不确定性来影响居民消费。

颜青（2013），邹红、王彦方和李俊峰（2014），贺俊、刘亮亮和张玉娟（2016）检验了财政分权体制下政府支出结构对居民消费的影响。

上述文献为本书提供了一定的研究基础和思路，但是已有研究还存在相当大的拓展空间：

第一，目前还没有文献将大国财政分权和居民消费置于一个研究框架之下。

第二，关于财政分权和经济增长的文献，有不少学者探讨了财政分权对投资和出口的影响，但就财政分权对消费的影响研究较少。

第三，关于财政分权对居民消费的影响机制，有学者从财政支出分权扭曲导致居民形成谨慎性消费的角度给出了财政分权影响居民消费的传导路径。虽然本书作者认为这种解释具有合理性，但是还不够完整，应当将财政收入分权和转移支付对居民消费的影响机制包括进来。

第四，国内有少数学者就中国财政分权对居民消费的影响构建计量模型进行实证检验，提供了财政分权对居民消费产生直接影响的证据，但是他们的结论与中国居民消费率自20世纪90年代中期以来一直呈下降趋势的现实相矛盾，如何解释，他们并没有给出明确的答案，因此有必要在模型的构建、数据的采集、统计口径的调整、参数的校准等方面加以改进。

以上研究盲点凸显本书具有较大研究空间，这也正是本书研究的独特视角和价值所在。

1.4　研究思路和研究方法

1.4.1　主要内容

本书以国内外已有相关研究成果为基础，以财政分权理论、凯恩斯和新古典理论为依据，进行大国财政分权影响居民消费的理论与经验研究。本书的主要内容包括：

（1）财政分权影响居民消费需求的作用机制

依据财政分权理论、凯恩斯绝对收入假说和新古典理论，分别沿着财政支出分权路径、财政收入分权路径和转移支付路径，分析财政分权对居民消费需求发生作用的机理，为具体建模和实证研究打下基础。

（2）大国财政分权与居民消费的特征事实描述

根据1978—2022年的时间序列数据，我们可以观察到中国是典型的大国，中国财政是大国财政，中国财政分权是大国财政分权；中国的居民消费率低，无论是居民消费水平还是居民消费率都呈现出典型的城乡二元经济特征，城乡消费差距大；描绘大国财政收支分权与居民消费的一系列散点图，并进行线性拟合，发现中国的财政收支分权对居民消费的影响呈现出非常明显的非对称性特征。

（3）大国财政分权对居民消费需求影响的实证研究

根据1995—2022年27个省级行政区的面板数据构建计量经济模型，以居民人均消费支出为被解释变量，财政分权为解释变量，城镇居民人均可支配收入、农村居民人均可支配收入、少年儿童抚养比、老年人口抚养比、人均民生财政支出为控制变量，以1997年亚洲金融危机、2002年所得税收入分享改革、2003年开始的新型农村合作医疗、2006年取消农业税、2010年开始实施的新型农村社会养老保险、2012年营改增试点为宏观经济控制变量，估算大国财政分权对全国居民消费的影响，大国财政分权对城乡居民消费的影响，大国财政分权对东、中、西部地区居民消费的影响，大国财政分权对东、中、西部地区城乡居民消费的影响。

（4）优化我国的财政分权体制，构建扩大居民消费需求的长效机制

根据大国财政分权影响居民消费的理论模型、机理与实证分析的结果，提出了一系列扩大居民消费需求长效机制的政策建议：把扩大居民消费需求、提升人民幸福感作为衡量央地财政关系的一条重要标准；优化财政收入分权体制；优化财政支出分权体制；优化中央对地方的转移支付制度。这也是从扩大居民消费需求的角度提出进一步理顺中央和地方财政关系、优化中国财政分权体制的新路径。

1.4.2　基本思路

本书遵循了提出问题—分析问题—解决问题的基本思路。具体研究思路如图1-1所示。

1.4.3　研究方法

（1）调查研究法

通过阅读相关文献资料和查阅历年《中国统计年鉴》，了解中国财政收支情况、居民消费支出和消费结构的情况。在湖南、湖北、山东、重庆、内蒙古等省（自治区、直辖市）进行实地走访调研，了解居民消费对政府各类税收和支出的反应，为研究财政分权对居民消费的影响提供直接证据。

（2）计量研究法

构建计量面板模型，时间跨度为1995—2022年，数据来源于《中国统计年鉴》《中国财政年鉴》等官方发布的统计数据和ESP数据库，计量研究中国财政分权对全国居民消费需求、城乡居民消费需求、区域消费需求、区域城乡消费需求的影响程度。

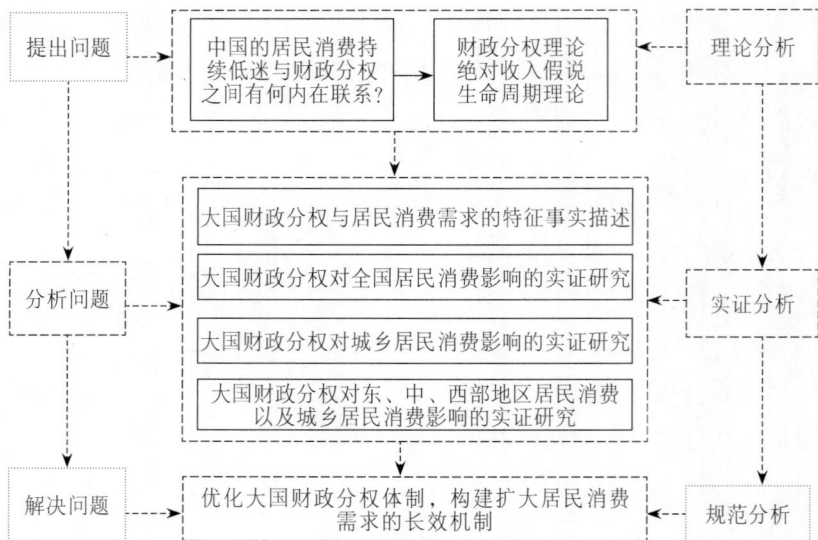

图 1-1 技术路线图

（3）比较研究法

对比大国财政分权对东、中、西部地区居民消费以及城乡居民消费影响的不同，分析出现差异的原因，并运用公共经济学的原理进行解释。

（4）规范分析法

根据有效财政分权能够提高资源配置效率理论，从扩大居民消费的视角提出优化我国财政分权的新路径。

1.5 创新之处

本书与已有研究相比，创新之处主要体现在：

第一，将大国、财政分权和居民消费置于一个研究框架之下，视角独特。虽然已经有一些学者在研究财政分权对居民消费的影响，但是从大国的角度来看待财政分权对居民消费的作用，在学术界本书还是首次提出，当然价值和意义还有待时间去验证。

第二，立足当前中国居民消费需求不足、居民消费严重偏低的现实，研究财政分权对居民消费的影响机制，从财政体制上探究居民消费严重滞后的原因，内容新颖。

第三，设立计量面板模型时，本书设立了8个财政分权指标，从多角度验证了大国财政分权对居民消费的影响，在研究方法上有所创新。

第2章　大国财政分权影响居民消费的机理研究

目前学术界主要探讨了财政税收政策、工具对居民消费的影响，还很少有人分析财税体制对居民消费的影响。鉴于中国这个大国的居民消费需求长期不足的事实，本书尝试从财政体制的角度探求中国居民消费率长期远远低于他国的原因。那么财政分权体制到底会如何影响一国的居民消费需求呢？我们在财政分权理论和居民消费理论的基础上，从财政收入分权、财政支出分权和转移支付三个方面来分析大国财政分权影响居民消费的机理。

2.1　财政分权理论

处理政府间财政关系的两种基本模式是财政集权和财政分权。财政集权和财政分权是相对的，没有哪一个国家是绝对的财政集权，也没有哪一个国家是绝对的财政分权，只有哪些国家偏向财政集权，哪些国家偏向财政分权。①

2.1.1 第一代财政分权理论

新古典经济学假设中央政府能够高效地满足地方居民对公共产品的需求，然而现实中除了一些极小的国家，地方政府都是不可或缺的存在，于是学者们开始研究地方政府存在的合理性和央地之间分权的必要性，这是财政分权理论产生的源头。

1954年，萨缪尔森发表《公共支出的纯理论》（The Pure Theory of Public Expenditure）一文，创建了公共产品理论，为财政分权理论的建立和发展奠定了理论基础。

马斯格雷夫（1939）和萨缪尔森（1954）都认为公共产品的支出水平不存在"市场解"，公共产品不可能实现帕累托最优。1956年，蒂博特（Tiebout）针对他们的观点，发表了《地方财政支出的一个纯理论》（A Pure Theory of Local Expenditure）一文，严谨地论证了地方公共产品可以实现帕累托最优，为分权理论的创建拉开了序幕。随后马斯格雷夫与奥茨等经济学家发展补充了第一代财政分权理论。

第一代财政分权理论论证了财政分权的必要性与优点。其核心观点认为，地方政府与中央政府相比更具有信息优势，对本地居民的喜好了解得更清楚，因而可以提供更符合地方居民需求的公共产品，认为应该将税收和支出的权力恰当地分配给不同级别的政府，以增进社会福利。当然，第一代财政分权也强调过度分权会导致一系列问题，如资源配置的扭曲、地区不均衡和财政不稳定等。

（1）蒂博特的"以脚投票"

蒂博特（1956）假设居民既是消费者，又是投票者，拥有双重身份，可以在地区间自由流动，将流向那些能够最好满足其公共产

---

① 王玮. 地方财政学 [M]. 2版. 北京：北京大学出版社，2013：42-46.

品偏好的地区；居民对各地的公共预算充分了解，并能对这些差异作出反应；有足够多的地区可供居民选择居住；所有居民都靠股息维持生活，其流动性不受就业机会等因素的约束；地区间不存在外部性；每一个社区的服务模式都是由管理者根据其原有住户的偏好来设定的；为了降低成本，没有达到最优规模的社区将试图吸引新的居民，处于最优规模的社区将力图保持其人口数量不变。根据以上假设条件，居民根据他们对税收－公共支出组合的偏好来选择居住社区，当对社区的税收－支出组合不满时，居民可以"以脚投票"。地方政府如果要赢得选民的支持，那么它必须提供选民所要求的公共产品。在"用脚投票"和地方政府之间的竞争下，地方政府对公共产品的提供会达到帕累托最优。

（2）马斯格雷夫的分权思想

马斯格雷夫（1959）提出了经典的政府财政三大职能：资源配置职能、收入分配职能和宏观经济稳定职能。政府财政三大职能应该在中央和地方政府之间进行划分。由于中央政府拥有足够的财力，资本的流动性很强，再加上地区之间存在外部性，因而收入分配职能与宏观经济稳定职能适合由中央政府来承担。由于不同地区的居民在公共产品的偏好上具有差异性，统一由中央政府提供公共产品效率低下，因此资源配置职能更适合由地方政府来执行。马斯格雷夫还指出央地政府可以通过税种的固定分配，给予地方政府独立的财权，从而在公共产品的提供效率和分配的公正性方面实现分权。

（3）奥茨的分权定理

奥茨（1972）在《财政联邦主义》一书中提出了"分权定理"。他基于一系列的假设条件，认为分散地提供公共产品比集中地提供公共产品会更有优势。若中央政府和地方政府提供某一种公共产品所花费的成本相同，并且该公共产品涉及全国所有的人口，那么这种公共产品由地方政府向其辖区居民提供比由中央政府统一提供会更加有效率，因为地方政府更加了解辖区居民的偏好与需求。奥茨

（1999）又提出跟地方政府相比，中央政府由于信息不对称，对辖区居民的需求以及提供公共产品成本的掌握没有地方政府有优势，不同地方居民对公共产品的偏好存在差异，如果统一由中央政府供给，将损害地区福利。

2.1.2　第二代财政分权理论

Dewatripont 和 Maskin（1995）、Qian 和 Weingast（1997）、Qian 和 Roland（1998）等人将激励相容与机制设计学说引入财政分权理论中。他们都放弃了新古典经济学中"仁慈"政府的假定，同时不同意公共经济学派"邪恶"政府的假定，认为作为经济人的政府管理者，也会追求物质利益。而一个有效的政府结构应该既实现政府管理者利益的最大化，又保证地方居民福利达到最优，两者应该实现激励相容，而不是相互排斥。第一代财政分权理论的缺陷就在于没有考虑地方政府管理者提供公共产品的行为动机[①]，第二代财政分权理论恰好弥补了这一缺陷。

那么究竟在什么环境下地方政府管理者会有动力让地方居民的福利最大化？第二代财政分权理论认为"利维坦"型的政府总是会追求自己的私利，这时就会有两种机制可以使地方政府管理者的利益与地方居民的福利保持一致。

第一，居民可以根据自己对"税收-公共产品"组合的偏好选择自己喜欢的辖区，这就导致辖区之间存在激烈的竞争，地方政府管理者为了防止居民"用脚投票"，必然使居民福利达到最大化。

第二，央地分权以后，地方政府的财政收入-支出紧密相联，预算上的硬约束也会促使地方政府去大力发展地方经济，从而让自己的财政收入能力得到保障。

另外，第二代财政分权理论被称为"市场保护型的财政联邦主义"，重点关注央地分权以后地方政府实现帕累托最优的机

---

① 吴俊培，李淼焱. 财政联邦主义理论述评 [J]. 财政监督，2012（22）：23-28.

制。第二代财政分权理论的研究者们认为好的政府结构会带来好的市场效率，这就要求政府的行为受到一定的约束。Qian和Weingast（1996）认为保护市场的财政分权必须满足以下假设条件[①]：

第一，存在多层级的政府，每一级政府都有自主权；

第二，地方政府在自己的辖区内拥有经济上的首要权力；

第三，中央政府有权力维护统一的市场，确保商品和要素在地区间流动；

第四，所有政府借钱都会受到硬预算约束；

第五，权力与义务的分配应该制度化，中央政府既不能单方面随意更改，也不能在地方政府的压力下改变规则。

满足以上假设前提的央地分权使市场机制受到维护和推进，从而使市场交易的各方都从市场的增进中获益（吴俊培和李淼焱，2012）。

2.2 居民消费理论

1936年，英国经济学家凯恩斯出版了他的名作《就业、利息和货币通论》，他所提出的绝对收入假说被公认为居民消费理论的起源。此后，不断有经济学家对居民消费理论进行拓展，比较有代表性的主要有Duesenberry的相对收入假说、Friedman的永久收入假说、Modigliani的生命周期理论、Hall的随机游走假说、Leland和Weil的预防性储蓄假说、Zeldes和Gross等分别提出的流动性约束假说、Deaton的缓冲存货假说等。下面我们主要介绍在学术界影响面较广、对现实的居民消费行为解释力比较强的几种居民消费理论。

---

① QIAN Y, WEINGAST B R. China's transition to markets: Market-preserving federalism, Chinese style [J]. The Journal of Policy Reform, 1996, 1（2）: 149-185.

2.2.1 绝对收入假说

凯恩斯提出了如下消费函数:

$$C = c + \beta Y_t$$

其中:C代表消费支出;c代表自发性消费;β代表边际消费倾向;Y_t代表可支配收入。很显然,凯恩斯认为居民消费支出是可支配收入的函数。

该理论具有很强的生命力,无数的经验验证都证明了居民消费支出与可支配收入强相关。但是凯恩斯的消费函数理论也不能解释所有的消费现象,于是人们开始发掘新的理论。

2.2.2 相对收入假说

美国经济学家 James Stemble Duesenberry (1949) 发表了《收入、储蓄和消费者行为理论》一文,认为消费行为具有很强的示范效应,居民的消费不仅受到自己过去消费习惯的影响,还受到周围其他人消费行为的影响,因此,消费支出是相对决定的,不只是取决于当期的绝对收入。

2.2.3 永久收入假说

美国经济学家 Milton Friedman (1957) 在《消费函数理论》一书中指出,居民消费既不取决于当期的绝对收入,也不取决于相对收入,而是取决于个人的永久收入,即个人中长期能够保持的收入水平。

2.2.4 生命周期假说

Franco Modigliani 和 Richard Brumberg (1954) 在《效用分析与消费函数——对横断面资料的一个解释》一文中假定消费者是理性的,唯一的目标就是让自己一生的幸福感最大化,因此,他会按照效用最大化的原则来使用自己一生的收入。他不会根据自

已当期的收入来进行消费，而是会根据自己的生命周期来平滑一
生的消费。

2.2.5 理性预期假说

Hall（1978）开启了不确定性条件下居民消费理论的研究。居
民的消费行为会面临两种不确定性[①]：未来收入的不确定性，如医
疗和养老金支出、失业等；消费习惯和理念有可能发生改变。这些
不确定性会影响居民的消费决策，Leland（1968）、Weil（1993）
据此提出了理性预期假说。

2.3 大国财政分权影响居民消费的机理分析

2.3.1 理论模型

这部分我们首先计划建立一个财政分权与居民消费的理论模
型，假定只有两级政府——中央与地方，财政分权用人均地方财
政支出与中央、地方人均财政支出之和的比值来表示。根据
Hamid Davoodi 和 Hengfu Zou（1998）的模型分析框架，我们建立
的生产函数也包括两种投入——私人资本和公共资本，公共资本
又被分为中央公共资本和地方公共资本。那么柯布-道格拉斯生
产函数为：

$$y = f(k, p) = f(k, z, d) = Ak^{\alpha}p^{1-\alpha} = Ak^{\alpha}z^{\beta}d^{\gamma} \qquad (2-1)$$

其中：A 代表技术进步率；k 代表人均私人资本存量；p 代表人
均总的公共支出；z 代表人均中央财政支出；d 代表人均地方财政支
出，$\alpha + \beta + \gamma = 1$，$0 < \alpha < 1$，$0 < \beta < 1$，$0 < \gamma < 1$，$p = z + d$。

与此同时，我们将典型消费者的效用函数设定为：

$$U = U(c_t, z_t, d_t) \qquad (2-2)$$

---

① 方福前，俞剑. 居民消费理论的演进与经验事实 [J]. 经济学动态，
2014（3）: 11-34.

这表示一个典型消费者的效用水平取决于他当期的私人产品消费和中央、地方政府提供的公共产品的消费，c_t代表当期的私人产品消费，z_t代表当期中央政府的公共产品支出，d_t代表当期地方政府的公共产品支出。

贺俊、刘亮亮和张玉娟（2016）将一个典型消费者在政府预算和个人预算约束下的最大化效用函数定义为：

$$\Omega = \int_0^{+\infty} U(c_t, z_t, d_t)e^{-\rho}dt \qquad (2-3)$$

ρ为时间贴现率，式（2-3）为瞬时效用函数，需要转变为固定的跨期替代弹性形式，即

$$U(c, z, d) = \frac{c^{1-\sigma}-1}{1-\sigma} + \frac{z^{1-\sigma}-1}{1-\sigma} + \frac{d^{1-\sigma}-1}{1-\sigma} \qquad (2-4)$$

其中：σ为相对风险规避系数。典型消费者的预算约束条件为：

$$\dot{k} = (1-\theta)y - c - (\xi + n)k$$

其中：θ为税率；ξ为资本折旧率；n为人口增长率。

同理，政府所面临的预算约束条件为：

$$p = \theta y = \theta A k^{\alpha} z^{\beta} d^{\gamma}$$

贺俊、刘亮亮和张玉娟（2016）运用动态最优化方法构造泛函来求解稳态路径上的居民消费增长率，并最终得到竞争性均衡解[①]：

$$c = \exp\left[\left(\frac{1}{\sigma}(1-\theta)\alpha\theta^{\frac{1-\alpha}{\alpha}}A^{\frac{1}{\alpha}}\left(\frac{z}{p}\right)^{\frac{\beta}{\alpha}}\left(\frac{d}{p}\right)^{\frac{\gamma}{\alpha}} - \frac{1}{\sigma}(\xi + n + \rho)\right)t\right] \qquad (2-5)$$

其中：d/p代表学术界常用的财政分权度量，因此，根据理论推导，我们可以看到财政分权是居民消费水平的函数。

2.3.2 财政收入分权影响居民消费的机理

中央与地方政府之间的财政收入分权主要是税收收入的划分和

[①] 贺俊，刘亮亮，张玉娟. 财政分权、政府公共支出结构与居民消费 [J]. 大连理工大学学报（社会科学版），2016，37（1）：31-36.

税收权限的划分。税收收入的划分具体包括划分税额、划分税率、划分税种、划分税制等；税权的划分具体包括划分税收的立法权、划分税收的征收权等。财政收入分权并没有统一的模式，美国采取的是多级财政同源课税的模式，德国则采取共享税和专享税并存的税种划分模式。

中国式财政分权是政治上集权与经济上分权相结合的体制。①分税制改革使得中央政府掌握了大部分的财权，税收的立法权高度集中在中央，地方政府缺乏税收的开征权与调整权。税收权利的缺乏使得地方政府无法根据自身的情况调整相关税收的开征。同时，1995年《中华人民共和国预算法》（以下简称《预算法》）规定"地方各级预算按照量入为出、收支平衡的原则编制，不列赤字，除法律和国务院另有规定外，地方政府不得发行地方政府债券"；2015年《预算法》又调整为"可以在国务院确定的限额内，通过发行地方政府债券举借债务的方式筹措。举借债务的规模，由国务院报全国人民代表大会或者全国人民代表大会常务委员会批准"。从新旧《预算法》对地方政府举债的限制中可以看到，地方政府面临较硬的预算约束和较大的财政压力。

分税制改革之后，地方政府的事权与财权不对称，地方政府从财权中获取的收入不足，而财政分权又将地方政府置于竞争之下，地方政府面临财政收入和经济发展的双重激励。向市场经济转型国家的地方政府，有的充当"无形之手"的角色，有的充当"援助之手"的角色。在分税制财政体制下，中国地方政府为了发展经济，千万百计吸引企业投资，其中就包括各种税收优惠手段和生产性财政支出的增加。地方政府为了维持本级财政运转，极有可能减少民生性财政支出和增加居民的税费负担，从而削弱居民的消费能力。

---

① BLANCHARD O, SHLEIFER A. Federalism with and without political centralization: China versus Russia [R]. IMF Staff Papers, 2001, 48 (4): 171-179.

在实际做法上，地方政府从以下方面来增加自己的收入：加大地方税收的征管努力、发展隐性债务、谋求预算外收入和制度外收入、发展土地财政。这些行为都涉及地区居民的收入，会对居民消费造成影响。

（1）地方政府的税收努力与居民消费

出于自身的利益，当财政压力较大时，地方政府会增强对税收的征管努力，特别是独属于地方政府的税种，对税收征管力度的加强会造成居民可支配收入减少。根据凯恩斯的绝对收入假说理论，总消费是可支配收入的函数，可支配收入的下降会导致居民的消费下降。

（2）隐性债务与居民消费

虽然《预算法》规定，地方政府可以举债，但举债规模受到严格限制。在财政收支缺口的压力之下，地方政府主要通过融资平台来"曲线举债"。在地方政府向银行获得融资时常常拿土地作为担保，因此地方政府有动机去维持土地的价格，对"土地财政"的发展起到了促进的作用。同时，地方政府通过融资平台向银行贷款，银行为其提供的资金有一部分来自居民的储蓄，即地方债的最终认购对象有一部分是居民，地方债对于居民来说是一种投资，大量地方债的存在会导致居民当期可支配收入减少，从而使得居民的消费能力降低。

（3）预算外收入和制度外收入与居民消费

在增强对税收的征管力度、尽量扩大地方政府正式收入的同时，地方政府通过增加预算外收入①和制度外收入来满足自己的需求。由于这些收入不在预算内，缺乏监督，随意性比较大，实质的收入来源还是当地居民，从而会减少居民消费。

（4）土地财政与居民消费

1994 年的分税制改革使得地方的财权大幅上移，地方政府逐

---

① 值得一提的是，中国从 2011 年开始取消了预算外收支。

步将取得财政收入的重点由预算内转到预算外、由预算外转到非预算。①土地财政成为名副其实的"第二财政"。由于地方政府拥有征用、开发和出让土地的权利，政府能够通过低价征地、高价卖给地产商来获得大量的土地出让金。这种获利形式具有快速以及方便操作等特点。中国的土地出让金规模由 1993 年的 300 亿元②迅速上升到 2017 年的 52 000 多亿元③，增加规模庞大，增长速度很快。

王猛、李勇刚和王有鑫（2013）认为中国的房地产业与土地财政联系紧密，房价与地价互为因果，中国地方政府对土地财政的依赖加剧了房价的上涨。

李江一（2017）认为购房动机和偿还住房贷款都会引起居民消费能力的下降。宋勃（2007）、王子龙等（2009）认为房价的上涨还会产生财富效应，这种财富效应会带来居民消费的上升，并且会进一步拉大城乡居民之间的消费水平差距。

2.3.3 财政支出分权影响居民消费的机理

我国的财政分权是收入与支出失衡的分权。在财权上移的同时，地方政府的支出责任并没有进行相应的调整。虽然分税制改革之后地方政府拥有了独立支出本级财政收入的权利，然而地方政府要承担大部分的公共产品支出，面临着一定的财政压力。地方政府的收入除去土地财政和隐性债务以外，最主要还是来源于税收。在这样的情况下，地方政府的支出重点必然偏向维持自身运转以及有利于经济发展的支出。

财政分权将地方政府置于竞争的环境之下，各地政府为了吸引

---

① 王猛，李勇刚，王有鑫. 土地财政、房价波动与城乡消费差距——基于面板数据联立方程的研究 [J]. 产业经济研究，2013（5）：84-92.
② 孙秀林，周飞舟. 土地财政与分税制：一个实证解释 [J]. 中国社会科学，2013（4）：40-59.
③ 数据来源于中华人民共和国财政部《2017 年地方政府性基金收入决算表》中国有土地使用权出让金收入、国有土地收益基金收入、农业土地开发资金收入三项之和。

外部的资源到本地区来会进行税收竞争与财政支出竞争。在财政支出方面，政府会不断地调整支出结构来进行经济资源的争夺，具体就会表现为地方政府对基础设施建设支出的偏好。

首先，财政分权下地方政府在经济建设方面的支出对促进本地经济增长起到了很大的作用。地区经济增长，居民收入增加，提升了居民的消费能力。

其次，为了招商引资来支持地方经济的发展，政府在加强对基础建设的支出同时挤占了对科教文卫等方面公共产品的支出。地方政府扩大对基础设施建设的支出导致地方科教文卫等关系民生的公共产品的缺失。科教文卫等公共产品的低水平供给造成居民需要面对更多的支出预期，从而使得我国居民具有更强的预防性储蓄动机，抑制了居民的即期消费，使居民的边际消费倾向下降。

最后，财政分权扭曲政府支出结构，使得政府支出偏向基础设施建设，从客观上造成了城市和农村的基础设施差距加大，进而拉大了城乡间的经济发展差距，使得城乡居民收入水平差距加大，城乡居民消费的差距也进一步扩大。不同地区间的经济基础不平衡，根据凯恩斯的边际消费倾向递减规律，穷人的边际消费倾向要大于富人的边际消费倾向，收入差距越大，居民整体的边际消费倾向就越低。

2.3.4 转移支付影响居民消费的机理

中央对地方政府的转移支付按照是否在提供拨款时带有附加条件可以被分为无条件的政府间财政转移支付（即一般性财政拨款）和有条件的政府间财政转移支付（即专项财政拨款）。对于地方政府来说，财政收入增加会使得地方提供公共产品的能力增强，同时对居民消费会有一定影响。

（1）无条件的政府间财政转移支付

上级政府将一般性财政拨款拨付给地方政府之后，地方政府能够提供的公共产品就会增多；与此同时，部分的政府拨款会漏出到私人部门，从而增加了私人产品的消费。无条件的政府间财政转移支付的效应如图2-1所示。

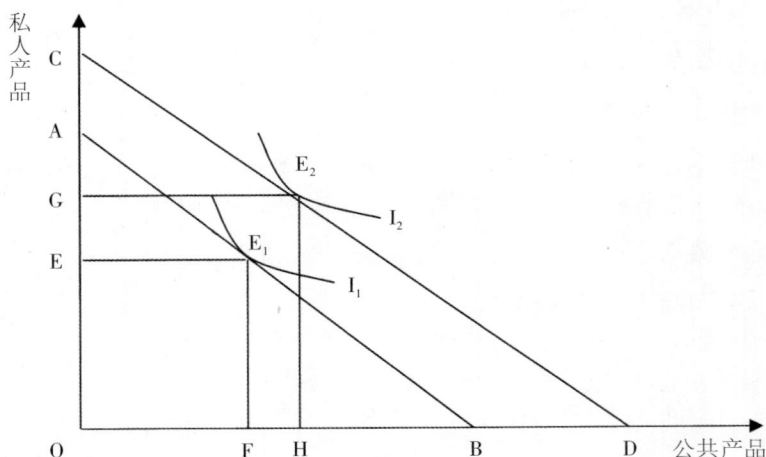

图 2-1　无条件的政府间财政转移支付的效应

在接受财政拨款之前，地方政府所面对的预算线为AB，点 E_1 为预算线与社会无差异曲线 I_1 的交点。此时该地的最优社会资源配置为生产和消费OF数量的地方性公共产品和OE数量的私人产品。当地方接受了来自上级政府的一般性财政拨款之后，该地区的预算线由AB增加到了CD。新的预算线与新的社会无差异曲线 I_2 相交于点 E_2。此时该地的最优社会资源配置为消费OH数量的公共产品以及OG数量的私人产品。相比未接受财政拨款，在接受了数量为BD的拨款之后，地区的公共产品和私人产品的消费数量都有所提高，即政府间的无条件转移支付增加了居民的消费。

（2）有条件的政府间财政转移支付

有条件非配套的政府间财政转移支付规定了财政拨款的特定用途，地方政府在接受这笔拨款之后必须按照上级政府规定的用途来支出这笔拨款。有条件非配套的政府间财政转移支付在增加地方政府指定公共产品的供给量的同时会对私人部门产生影响，具体如图2-2所示。

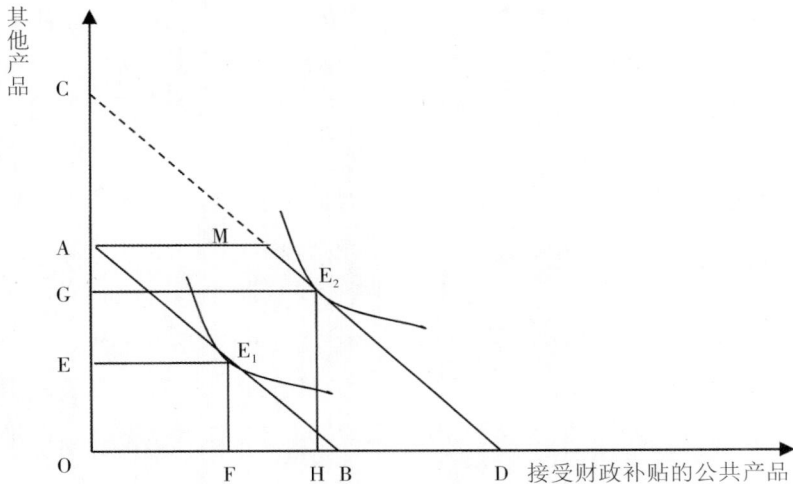

图2-2　有条件非配套的政府间转移支付

在接受转移支付之前，地方政府的预算线为AB，与地方的社会无差异曲线相交于点 E_1。此时地区最优社会资源配置为生产和消费OF数量的接受财政补贴的公共产品和OE数量的其他产品（其他公共产品与私人产品）。在接受数量为BD的有条件非配套政府财政转移支付之后，地方的社会无差异曲线会右移到CD的位置。CD与社会无差异曲线的交点为 E_2。此时接受财政补贴的公共产品的生产和消费量为OH，比接受转移支付前增加了FH。其他产品（其他公共产品与私人产品）的生产和消费数量将达到OG，较以前增加了EG。由于有条件非配套的政府财政转移支付规定了拨款的用途，所以在新的预算线上能够实现的最大的其他产品的生产和消费量并不会改变，仍然为OA，即MC是无法实现的。有条件非配套的政府财政转移支付会增加指定的公共产品，同时会增加对其他产品的消费。

2.4 本章小结

本章依据财政分权理论和居民消费理论，在 Hamid Davoodi 和 Hengfu Zou（1998）以及贺俊、刘亮亮和张玉娟（2016）构建的模型框架下，从三个方面分析了大国财政分权影响居民消费的机理：

第一，财政收入分权以后，地方政府通过加强税收征管、隐性债务、预算外收入和制度外收入、土地财政等影响居民消费。

第二，财政支出分权会使地方政府把钱更多地投向引致经济发展的基础设施建设上，更少地投向医疗、养老等民生性公共产品上，这会加剧居民对未来的不确定性心理，从而影响居民消费。当然，经济的发展又会提升居民的可支配收入水平，从而增加居民消费。

第三，中央对地方政府的转移支付，不论是有条件还是无条件的，都会漏出一部分到私人部门，从而导致居民消费的增加。

第3章　大国财政分权与居民消费的特征事实描述

　　随着中国在世界经济中的地位不断提升，大国崛起、大国经济、大国财政也成为国内学者们热议的课题，学者在多个场合多次提及大国财政，探讨大国财政的内涵及带来的重要影响。本书探讨大国财政分权对居民消费的影响，我们有必要对大国财政分权和居民消费的特征事实进行描述，使读者对大国财政分权与居民消费有初步的客观认识。

3.1　大国财政分权的特征事实描述

3.1.1　中国是典型大国

　　根据《中国统计年鉴2023》给出的统计数据，中国的国土面积仅次于俄罗斯、加拿大、美国，排在世界第四位；中国2022年的人口总数为141 175万人，排在世界第一位；中国有34

个省级行政区、333 个地级行政区、2 843 个县级行政区、38 602
个乡镇级行政区。根据世界经济信息网提供的数据，中国 2022
年的国内生产总值为 181 000 亿美元，仅次于美国的 254 645 亿美
元，排在世界第二位；根据国家外汇管理局 2023 年 1 月 7 日公布
的数据，中国 2022 年的外汇储备为 31 277 亿美元，远超排在第
二位的日本和排在第三位的瑞士，稳居世界第一位。中国是世
界上名副其实的典型大国。

3.1.2　中国财政是大国财政

根据中华人民共和国财政部公布的决算数据，2022 年，全国
一般公共预算决算收入 203 649.29 亿元，加上全国财政使用结转结
余及调入资金 24 742.32 亿元，共计 228 391.61 亿元；全国一般公共
预算决算支出 260 552.12 亿元，加上补充中央预算稳定调节基金
1 389.49 亿元，共计 261 941.61 亿元。如果再加上政府性基金预算
收入、国有资本经营预算收入和社会保障基金预算收入，财政的规
模会更加庞大。2022 年，全国政府性基金收入决算数为 77 896.37
亿元，中央单位特殊上缴利润 18 100 亿元，地方政府专项债务收
入 36 500 亿元，上年结转收入 354.67 亿元；全国政府性基金支出
110 607.51 亿元，政府性基金预算调出资金 9 000 亿元，收入大于
支出 13 393.54 亿元；全国国有资本经营收入决算数为 5 695.98 亿
元，上年结转收入 664.23 亿元；全国国有资本经营支出决算数为
3 395.23 亿元，国有资本经营预算调出资金 2 643.51 亿元，结转下
年支出 88.92 亿元；全国社会保险基金收入合计决算数为 102 448.14
亿元，其中保险费收入为 74 982.31 亿元，财政补贴收入为 22 943.72
亿元，利息收入为 2 099.64 亿元，委托投资收益为 48.64 亿元；全
国社会保险基金支出决算数合计 90 603.41 亿元，其中社会保险待
遇支出 87 655.15 亿元。1978 年，中国的一般公共预算收入是
1 132.26 亿元，到 2022 年没有剔除物价因素的情况下已经增长
了 179.8608888 倍，剔除物价因素的情况下增长了 161.08 倍。1978

年，中国的一般公共预算支出是 1 122.09 亿元，到 2022 年没有剔除物价因素的情况下已经增长了 232.2025149 倍，剔除物价因素的情况下增长了 207.96 倍。1978—2022 年，一般公共预算收入的变化如图 3-1、图 3-2 所示，一般公共预算支出的变化情况如图 3-3、图 3-4 所示。

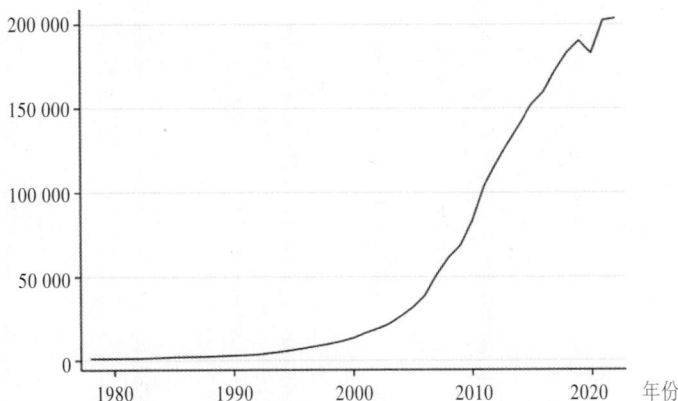

图 3-1　1978—2022 年中国一般公共预算收入（单位：亿元）

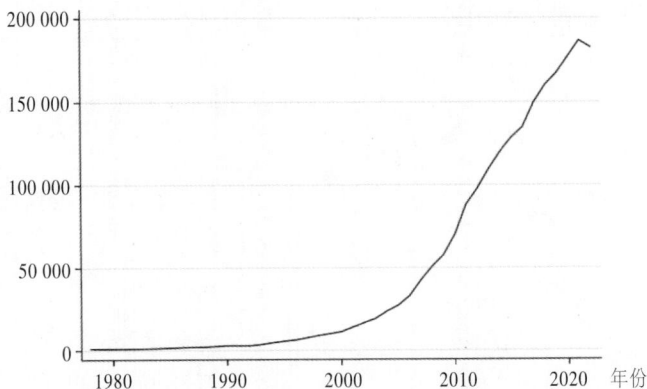

图 3-2　1978—2022 年中国一般公共预算收入（剔除物价因素）（单位：亿元）

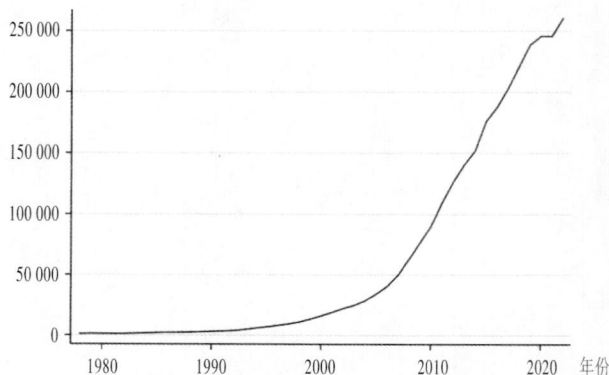

图 3-3　1978—2022 年中国一般公共预算支出（单位：亿元）

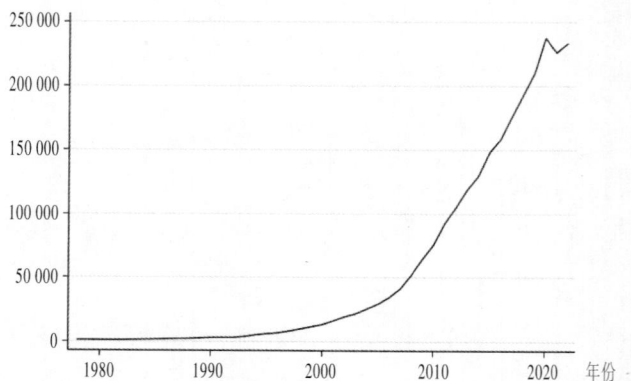

图 3-4　1978—2022 年中国一般公共预算支出（剔除物价因素）（单位：亿元）

从图 3-1、图 3-2、图 3-5 中我们可以很直观地看到，1978—1982 年，中国一般公共预算收入的变化是很平缓的，由 1 132.26 亿元缓慢上升到 1 212.33 亿元，增长率在 1.2%~3.1%。"利改税"开始以后，一般公共预算收入的上涨幅度较大。1983 年，一般公共预算收入规模为 1 366.95 亿元，增长率上升到了 12.8%；1984 年、1985 年的增长率更是分别达到 20.2%、22%。中国一般公共预算收入的第二次增长高峰出现在 1993 年，规模达到 4 348.95 亿元，增长率为24.8%；2007年，一般公共预算收入的规模达到51 321.78亿元，增长率达到了32.4%。2012年开始营改增试点以后，一般公共预算收入的增长率开始下降，2014—2019年的增长率为个位数，分别为8.6%、8.5%、4.8%、8.14%、6.24%、3.83%，2020年出现负增长，为-3.93%，2021年又突增到10.74%，2022年增速又迅速降低至0.54%。

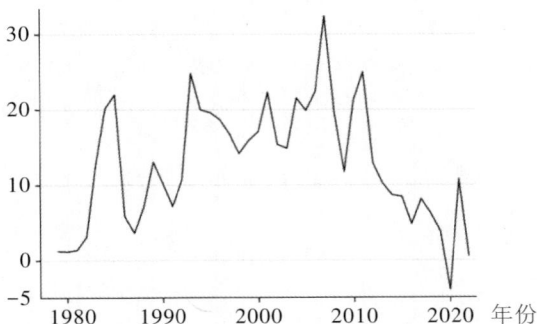

图3-5 1979—2022年中国一般公共预算收入增长率（%）

从图3-3、图3-4、图3-6中我们可以看到1978—2022年中国的一般公共预算支出的增长趋势。1978年，一般公共预算支出的规模为1 122.09亿元。值得一提的是，1980年、1981年的一般公共预算支出不增反降，分别下降了4.1和7.4个百分点。"利改税"开始以后，一般公共预算支出规模出现了一个增长小高峰，1983—1985年的增长率分别为14.6%、20.7%、17.8%；可是1987年的增长率只有2.6%。从1993年开始，一般公共预算支出出现了迅猛增长的趋势，1993年、1994年的绝对规模分别达到4 642.3亿元、5 218.1亿元，增长率分别为24.1%、24.8%。2010年，一般公共预算支出的规模开始突破10万亿元，当年的增长率达到了21.6%，2012年进行营改增试点以后，增长率开始下降。

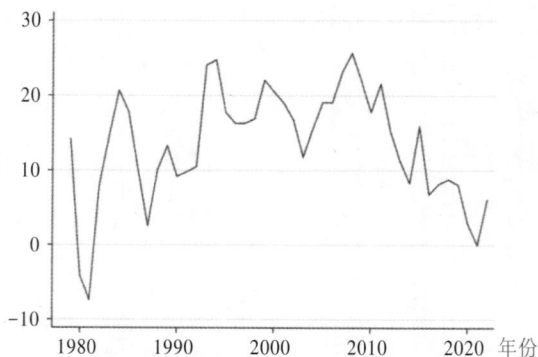

图3-6　1979—2022年中国一般公共预算支出增长率（%）

3.1.3　中国财政分权是大国财政分权

中国一般公共预算收入和一般公共预算支出的规模日益庞大，这些资金在中央政府和地方政府之间如何划分、支出责任在两者之间如何界定，始终都是学者关注的话题。我们通过仔细梳理1978—2022年中央和地方政府的一般公共预算收入、一般公共预算支出的数据，可以清晰地看到中国财政分权演进的脉络。①

根据中华人民共和国财政部2023年7月发布的"2022年全国财政决算"，2022年地方政府的一般公共预算收入为205 703.97亿元，加上地方财政使用结转结余及调入资金12 077.32亿元，共计217 781.29亿元；一般公共预算支出的规模为224 981.29亿元，地方政府所掌握和支配的资金数额巨大，地方政府的财政收支行为对社会经济生活将产生巨大的影响。由于《中国财政年鉴2024》还没有出版，为了保持统计口径的一致性，在此我们仅以1978—2022年的财政分权数据画折线图，以便对中国实行改革开

---

① 此处我们用所有地方政府财政收入占全国财政收入的比重、所有地方政府财政支出占全国财政支出的比重来表示中央和地方政府之间的财政分权程度。

放以来中央和地方政府之间的财政收支关系演进有清晰的认识（如图3-7、图3-8所示）。

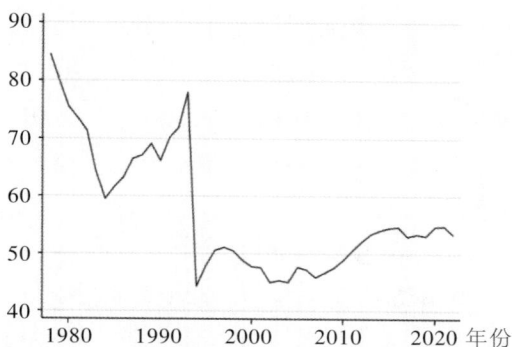

图3-7　中央和地方政府之间的财政收入分权（%）

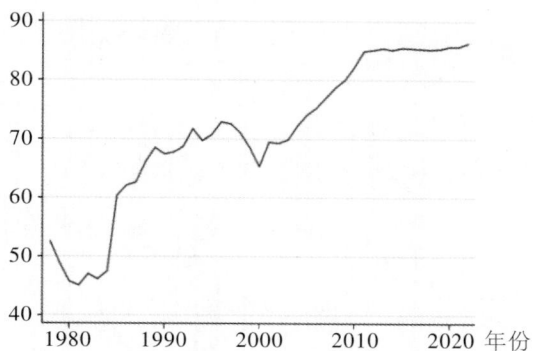

图3-8　中央和地方政府之间的财政支出分权（%）

根据图3-7，我们发现中央和地方政府之间的财政收入分权自1978年以来波动幅度较大。1978年，地方财政收入占到全国财政收入的84.5%，为历史的最高点，然后一路小幅下滑；1984年，两步"利改税"以后跌到59.5%；1985年又开始止跌回升，由1985年的61.6%上升到1993年的78%；1994年实行分税制改革以后当年地方财政收入占全国财政收入陡然跌到44.3%，是历史的最低点。1995 年至今，地方财政收入占全国财政收入的比重波动幅度收窄，由 1995 年的 47.8% 上升到 1997 年的 51.1%；亚洲金融危机爆发以后，又由 1998 年的 50.5% 一路小幅下滑到 2002 年的 45%，中央和地方政府间进行新的所得税收入分享改革以后，地方财政收入占全国财政收入的比重由 2003 年的 45.4% 一路小幅上升到 2022 年的 53.40%。再来看中国 1978—2022 年地方财政支出占全国财政支出的比重（如图 3-8 所示），我们发现由 1978 年的 52.6% 小幅下滑到 1981 年的 45%，两步"利改税"期间小幅上升，从 1982 年的 47% 上升到 1984 年的 47.5%；1985 年，地方财政支出占全国财政支出的比重陡然上升到 60.3%，1996 年达到 72.6%。亚洲金融危机爆发以后，地方财政支出占全国财政支出的比重开始有所下滑，由 1997 年的 72.6% 小幅下滑到 2000 年的 65.3%；2001 年以来地方财政支出占全国财政支出的比重一直呈上升态势，由 2001 年的 69.5% 上升到 2015 年的 85.5%、2022 年的 86.3%。

3.2 大国居民消费的特征事实描述

我们在对中国的国土面积、行政区划、外汇储备、经济总量、全国一般公共预算收入、全国一般公共预算支出、地方一般公共预算收入、地方一般公共预算支出的规模进行观察的时候，发现它们都有一个共同的特征——"大"，但是当我们用数据对中国这样一个大国的居民消费进行观察的时候，发现中国的居民消费与其大国地位极不相称。

3.2.1 中国的居民消费率低

根据世界银行 WDI 数据库提供的数据，我们把世界上几个典型大国的居民消费放到一起进行比较，发现中国的居民消费率是最低的。根据表 3-1，中国的居民消费率除了 2000 年与俄罗斯近乎持平，都在 46% 左右，其他年份中国都是低于其他国家的。2010 年、2019—2021 年，除了中国居民消费率在 40% 以下，其他主要大国的居民消费率大多都在 50% 以上，美国甚至基本上保持在 67% 以上的水平。中国与世界主要大国在居民消费率上的差距由此可见一斑。

表3-1　　　　　　　世界主要大国居民消费率比较

国家	2000 年	2010 年	2019 年	2020 年	2021 年	2022 年
中国	46.7	34.3	39.2	38.2	38.1	—
印度	63.7	54.7	60.9	61.3	61.1	60.5
加拿大	54.5	57.0	57.8	57.2	54.4	54.3
美国	66.0	68.2	67.3	67.0	68.2	—
俄罗斯	46.2	51.5	51.6	51.5	49.2	48.3

注：数据主要来源于世界银行 WDI 数据库，美国和中国 2022 年居民消费率数据世界银行还没有给出，故而缺失这一年的数据。

中国的居民消费率与世界上一些相对小的国家相比，情况又如何呢？根据世界银行 WDI 数据库提供的数据，2000 年、2010 年、2019—2022 年，仅文莱的居民消费率低于中国，新加坡的居民消费率与中国比较接近，其他相对小的国家均高于中国。孟加拉国的居民消费率基本上都在 66% 以上；柬埔寨的居民消费率都在 60% 以上；日本作为一个出口大国，居民消费率也在 53% 以上。

由此可以看出，中国的居民消费率不仅普遍低于世界主要大国，跟大多数相对小的国家相比也是偏低的。这引起了学界的广泛思考，为什么中国的经济经历了近 40 年的高速增长，老百姓口袋里越来越有钱了，消费意愿却依然不强呢？学者们从多种角度去解读中国居民消费率低的原因。本书试图从财政体制的角度对此问题进行分析，希望能够从中央与地方政府间财政关系的视角寻求解决这个问题的部分答案。

为了更全面地了解中国的居民消费率，我们根据《中国统计年鉴》的居民消费支出总额、国内生产总值的数据，计算出了中国1978—2022年的居民消费率，并通过图3-9来展现中国居民消费率的演变过程。

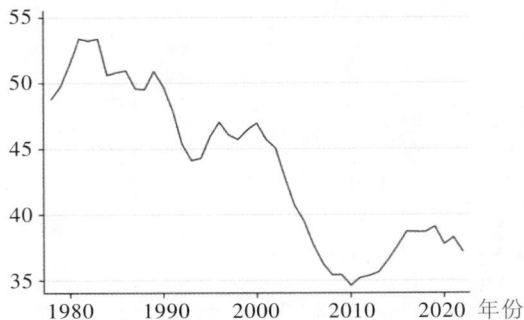

图3-9　1978—2022年中国居民消费率（%）

1978年，中国的居民消费率为48.79%，此后小幅上升，1983年为53.38%；之后一路下滑，1993年跌到44.12%。1994年分税制改革以后，居民消费率有过短暂的小幅回升，1996年提升到46.7%；此后，中国的居民消费率下滑得非常厉害，2010年跌到了历史的最低点34.63%。2011年，中国的居民消费率终于开始止跌回升，由2011年的35.2%一路上升到2016年的38.7%；但是自从2005年中国的居民消费率跌破40%以后，长达17年，中国的居民消费率再也没有站上过40%以上的点位。[①]

3.2.2　中国城乡居民消费率呈现出典型的二元经济特征

中国作为一个典型的大国，自1949年以来就践行城乡二元经济结构，因此，本书作者深感有必要对中国城镇和农村的居民消费

---

① 需要特别说明的是，由于统计口径的不同，我们对中国居民消费率的计算结果与世界银行WDI数据库公布的结果有稍许的差异，但这并不影响对中国居民消费率总体上的判断。

率进行考察。我们用城镇居民消费支出总额与国内生产总值的比值代表城镇居民消费率，用农村居民消费支出总额与国内生产总值的比值代表农村居民消费率。

通过对图 3-10 和图 3-11 进行对比，我们发现中国的城乡居民消费率也呈现出了典型的二元经济特征。1978—2002 年，中国的城镇居民消费率是一路上扬的，从 1978 年的 18.49% 上升到 2002 年的 31.03%；2003—2008 年出现了短暂的下滑状况，从 29.83% 下降到 26.54%；从 2009 年开始又一路上升，2016 年达到 30.42%。而与此相对应的是，中国的农村居民消费率一直呈现出比较明显的下滑态势，仅 1978—1983 年出现过比较明显的增长趋势，由 30.30% 上升到 33.55%，此后农村居民消费率一路下滑，2016 年仅为 8.27%。当然，中国城镇居民消费率的不断上升、农村居民消费率的不断下滑，与城镇化率的不断提升肯定是有关系的，但是这种情形与农民可支配收入不高、社会保障制度不健全、央地财政投入不够（如政府把更多的财政资金投向了城市，而对农村的基础设施、社会保障投入相对不够充分）是否存在相关关系，需要进一步结合城乡居民人均消费支出来进行分析。

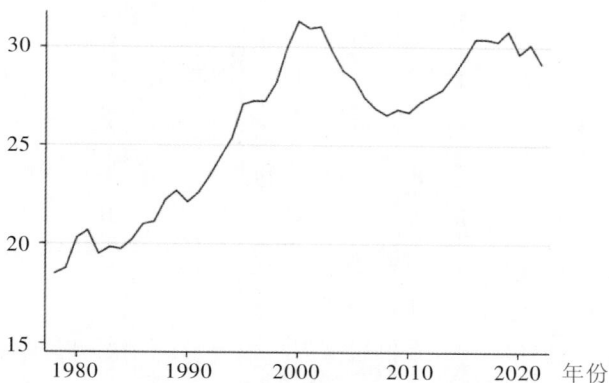

图3-10　中国城镇居民消费率（%）

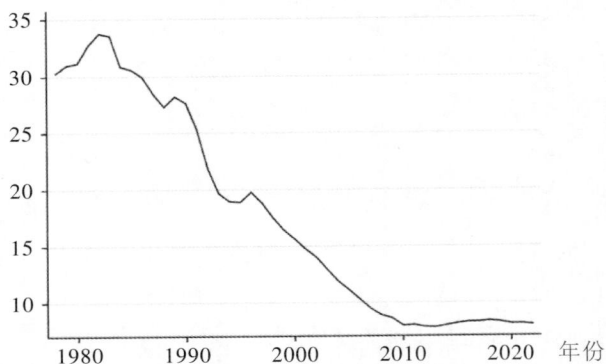

图 3-11　中国农村居民消费率（%）

3.2.3　中国的居民消费水平呈现出典型的二元经济特征

为了进一步考察中国居民消费的真实状况，我们搜集了1978—2022年的居民人均消费支出、城镇居民人均消费支出、农村居民人均消费支出的数据，并且剔除物价因素，进行对比，观察、刻画中国居民消费的演进历程，比较城乡居民消费的情况。结合图 3-12，我们发现如果不考虑物价因素，中国的居民人均消费支出在 20 世纪 90 年代突破千元关口以后，绝对规模增长速度很快。1978 年居民人均消费支出才 182.75 元；历经 15 年，1992 年达到1 050.79 元；又经过 18 年，在 2010 年突破万元大关，达到 10 549.96元；2019 年突破 2 万元，达到 21 558.85 元，仅仅花了 9 年时间。不考虑物价因素，1978—2022 年，中国居民人均消费支出足足增长了 134.27 倍。但是剔除物价因素以后，我们发现中国的居民人均消费支出绝对规模的变化速度放缓，从 1978 年的 182.75 元到 2022 年的 21 976.04 元，增长了 120.25 倍。

下面我们继续考察城镇居民人均消费支出和农村居民人均消费支出，把两者放在一起，看会得到一个什么样的结果。对城镇居民消费率和农村居民消费率进行比较的时候，尽管两者的差距很大，却由于受到城镇化的影响，我们无法得出明确的判断；但是根据图3-13，剔除掉人口因素的影响以后，我们可以清晰地看到城镇居民消费水平确实远远高于农村居民消费水平。20世纪90年代以前，城乡居民人均消费水平的差异还不是很明显，城镇居民消费水平只是略微高于农村居民消费水平，但是从1991年开始，城乡居民消费水平的差距逐渐拉大。

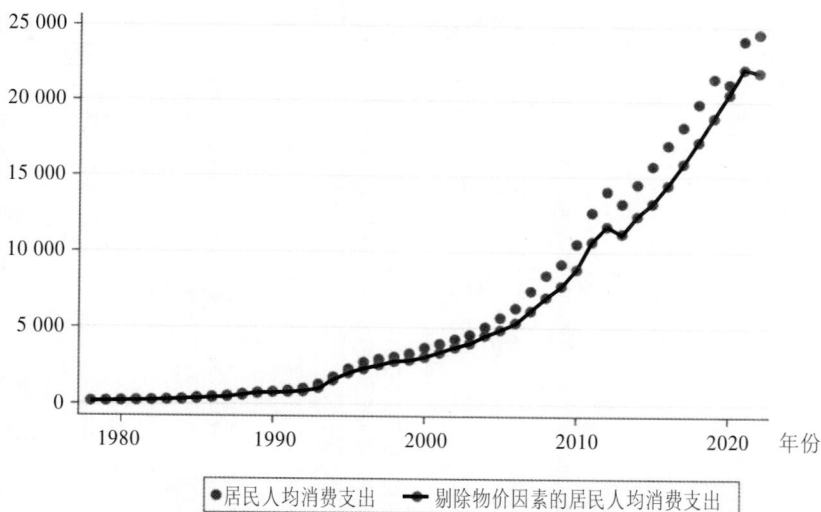

图3-12　1978—2022年中国的居民人均消费支出（单位：元）

由于城乡居民消费水平的差距还会受到城乡居民消费价格指数差异的影响，因此，我们又进一步剔除物价因素以后，将两者放在一起进行比较。图3-14非常清楚地反映我国城乡居民消费水平的差异，而且这种差距从1978年开始就已经非常明显了。

图3-14相对图3-13所体现出来的城乡居民消费水平差异，既考虑到了人口因素，又考虑到了物价因素，呈现出来的结果更为精确和令人信服。我们又进一步计算出了剔除物价因素的城乡居民消费水平比值，并画出了折线图（如图3-15所示），发现城乡居民消

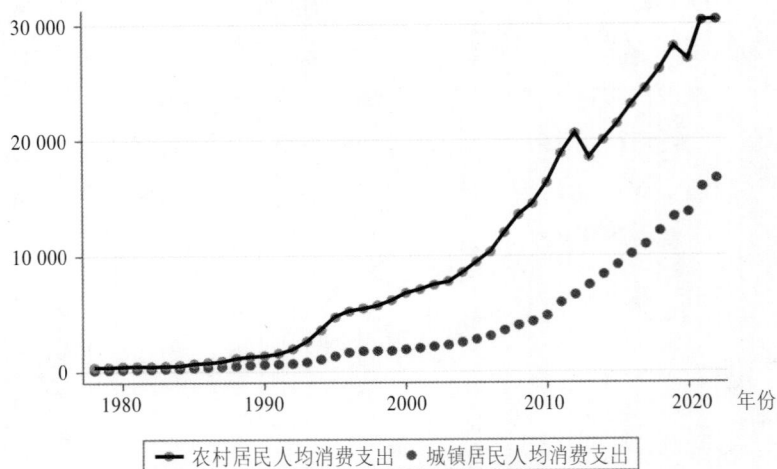

图 3-13　1978—2022 年城镇居民人均消费支出和农村居民人均消费支出
（单位：元）

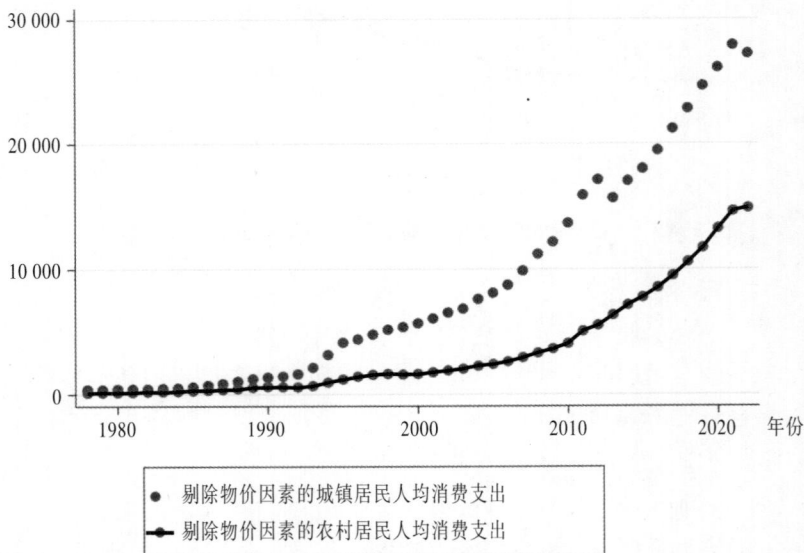

图 3-14　1978—2022 年中国城镇居民人均消费支出和农村居民人均消费
支出（剔除物价因素）（单位：元）

费水平的差距在 1978—2003 年是相对扩大的，从 2004 年开始呈现出相对缩小的趋势，由 2004 年的 3.08 下降到了 2022 年的 1.76。当然，到目前为止中国的城乡居民消费水平差距依然是相当大的，值得决策者和学者深思。

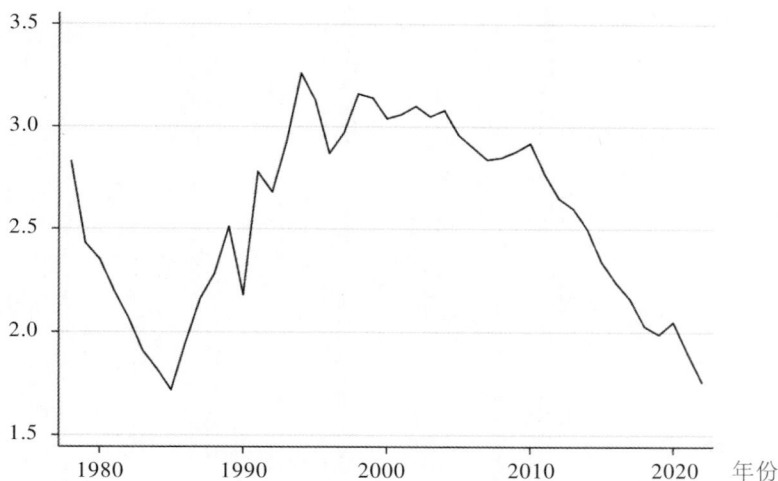

图 3-15　1978—2022 年中国城乡居民消费水平比（剔除物价因素）

3.3　大国财政收支分权对居民消费的非对称性影响

通过比较世界各国的居民消费率，我们得出了中国居民消费严重不足的结论；通过比较中国的城乡居民消费水平，我们得出了中国城乡居民消费水平差距过大的结论。结合前面关于大国财政分权特征事实的分析，我们不禁要问，中国的居民消费不足、城乡居民消费水平的巨大差距跟中国的财政分权体制是否有关联呢？我们通过构建大国财政收支分权与居民消费的各种散点图，并进行线性拟合，来刻画两者之间的关系。

3.3.1 大国财政收支分权对全国居民消费率的非对称性 影响

在画出财政收入分权和全国居民消费率的散点图、财政支出分权与居民消费率的散点图，并进行线性拟合以后，我们发现财政收入分权与居民消费率之间呈正相关关系，财政支出分权与居民消费率之间呈负相关关系（如图3-16、图3-17所示）。

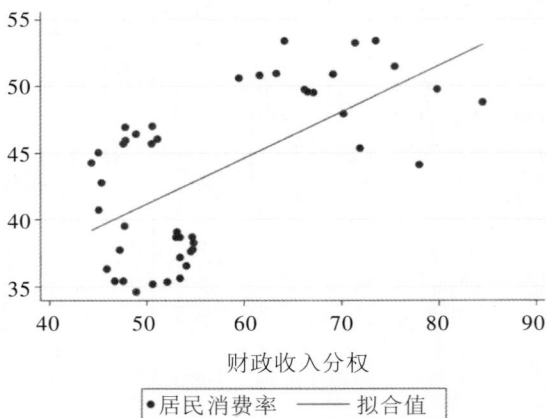

图 3-16　财政收入分权与居民消费率

3.3.2 大国财政收支分权对城镇居民消费率的非对称 性影响

在画出财政收入分权和城镇居民消费率的散点图、财政支出分权和城镇居民消费率的散点图，并进行线性拟合以后，我们发现财政收入分权与城镇居民消费率之间呈负相关关系，财政支出分权与城镇居民消费率之间呈正相关关系（如图3-18、图3-19所示）。

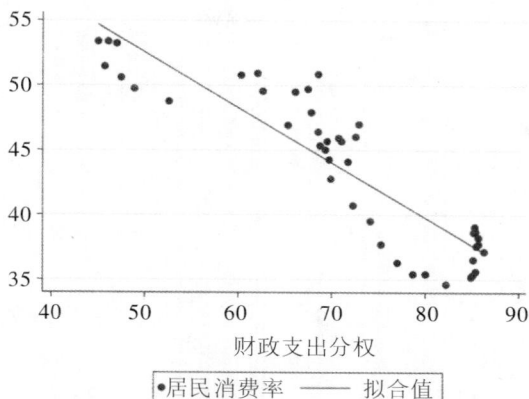

图 3-17　财政支出分权与居民消费率

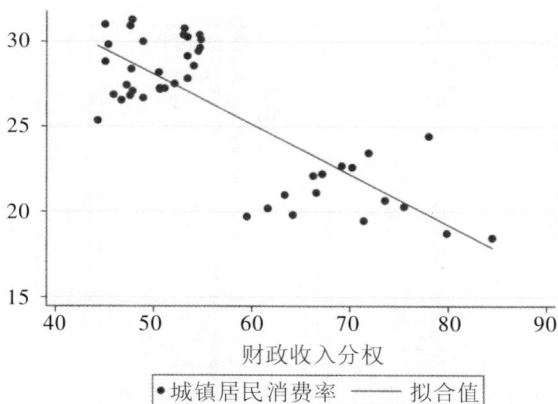

图 3-18　财政收入分权与城镇居民消费率

3.3.3　大国财政收支分权对农村居民消费率的非对称性影响

在画出财政收入分权和农村居民消费率的散点图、财政支出分权和农村居民消费率的散点图，并进行线性拟合以后，我们发现财政收入分权与农村居民消费率之间呈正相关关系，财政支出分权与农村居民消费率之间呈负相关关系（如图 3-20、图 3-21 所示）。

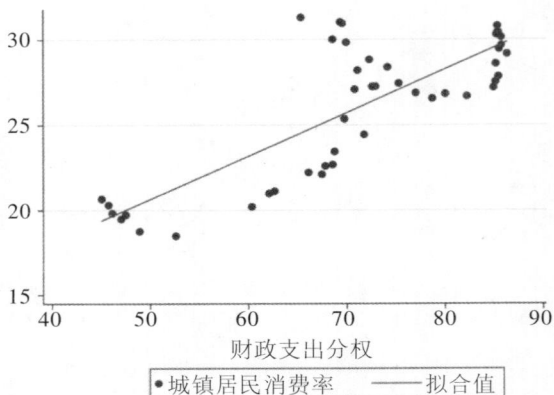

图3-19 财政支出分权与城镇居民消费率

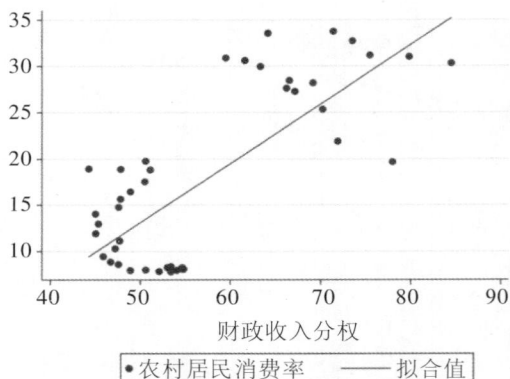

图3-20 财政收入分权与农村居民消费率

3.3.4 大国财政收支分权对全国居民消费水平的非对称性影响

在画出财政收入分权和全国居民消费水平的散点图、财政支出分权和全国居民消费水平的散点图，并进行线性拟合以后，我们发现财政收入分权与全国居民消费水平之间呈负相关关系，财政支出分权与全国居民消费水平之间呈正相关关系（如图3-22、图3-23所示）。

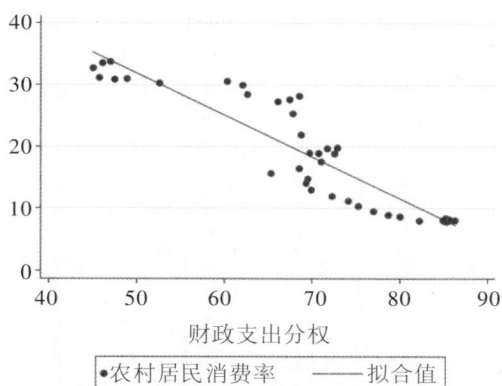

图 3-21 财政支出分权与农村居民消费率

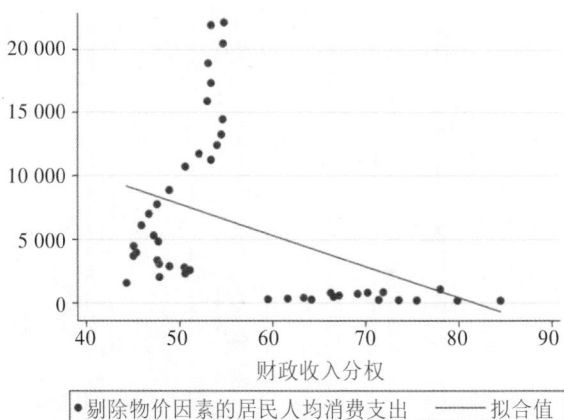

图 3-22 财政收入分权与全国居民消费水平

3.3.5 大国财政收支分权对城镇居民消费水平的非对称性影响

在画出财政收入分权与城镇居民消费水平的散点图、财政支出分权与城镇居民消费水平的散点图，并进行线性拟合以后，我们发现财政收入分权与城镇居民消费水平之间呈负相关关系，财政支出分权与城镇居民消费水平之间呈正相关关系（如图3-24、图3-25所示）。

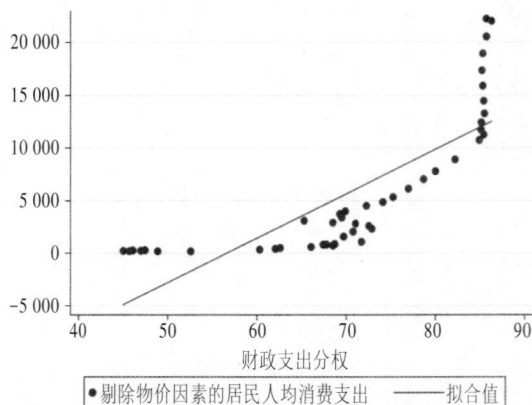

图 3-23　财政支出分权与全国居民消费水平

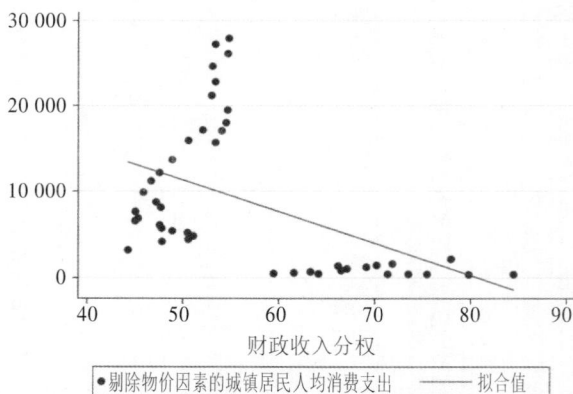

图 3-24　财政收入分权与城镇居民消费水平

3.3.6　大国财政收支分权对农村居民消费水平的非对称性影响

在画出财政收入分权与农村居民消费水平的散点图、财政支出分权与农村居民消费水平的散点图，并进行线性拟合以后，我们发现财政收入分权与农村居民消费水平之间呈负相关关系，财政支出分权与农村居民消费水平之间呈正相关关系（如图3-26、图3-27所示）。

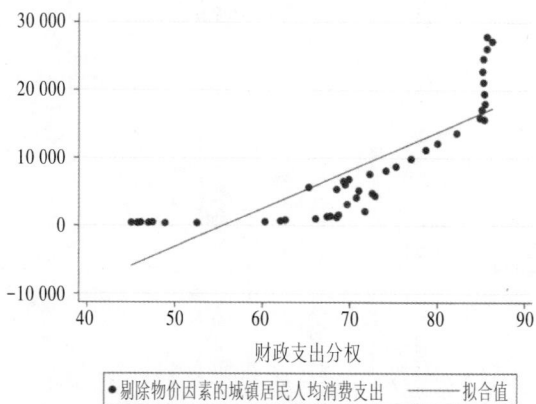

图 3-25　财政支出分权与城镇居民消费水平

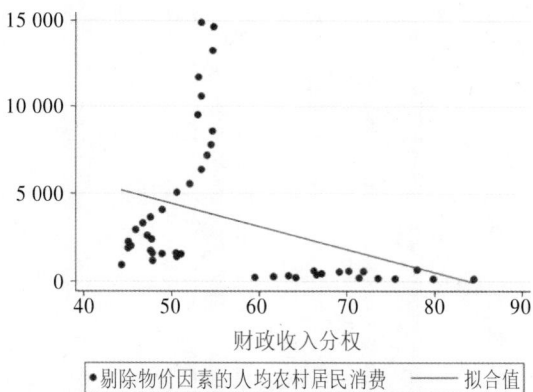

图 3-26　财政收入分权与农村居民消费水平

　　我们发现，财政收支分权对居民消费率、城镇居民消费率、农村居民消费率、全国居民消费水平、城镇居民消费水平、农村居民消费水平均呈现非常典型的非对称性影响，而且财政收支分权对城乡居民消费的影响呈现出非对称性的典型特征。但是财政收入分权对全国居民消费水平、城镇居民消费水平、农村居民消费水平的影响均为负，是一致的；财政支出分权对全国居民消费水平、城镇居民消费水平、农村居民消费水平的影响均为正，也是一致的。

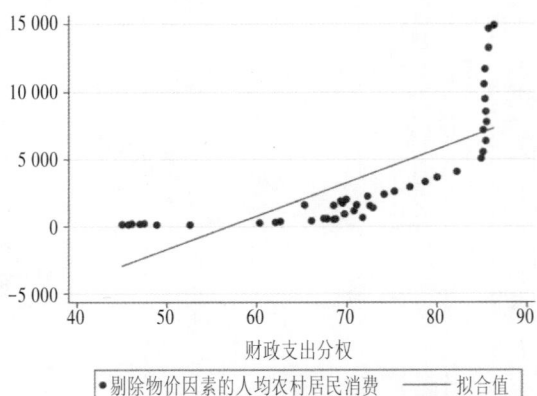

图3-27　财政支出分权与农村居民消费水平

3.4　本章小结

本章主要对大国财政分权与居民消费的特征事实进行描述和刻画，认为中国是典型的大国，中国财政是大国财政，中国财政分权是大国财政分权；但是中国的居民消费率不仅远远低于典型大国的居民消费率，在典型大国中排在倒数第一，就是与一些较小的国家进行比较，中国的居民消费率也是偏低的；虽然随着经济的发展，中国居民人均消费水平也在不断提高，但是不可忽视的一个重要事实就是，中国城乡居民消费水平之间的差距正在日益扩大。通过描绘大国财政收支分权与居民消费的一系列散点图，并进行线性拟合，我们发现中国的财政收支分权对居民消费的影响呈现出非常明显的非对称性特征。

第4章 大国财政分权对居民消费影响的经验研究

前面我们就大国财政分权对居民消费的影响进行了机理分析，从理论上证明了财政分权与居民消费之间的关联性，本章我们试图运用中国1995—2022年27个省级行政区的面板数据，经验验证大国财政分权对居民消费的影响程度。

4.1 计量经济面板模型的设置

根据财政收支分权与居民消费的散点图及线性拟合，我们可以很明显地看到财政收支分权与居民消费之间呈线性相关关系，再结合第一、二代财政分权理论、绝对收入假说、生命周期理论以及居民消费理论和大国财政分权影响居民消费的机理研究，我们设定了如下计量经济面板模型：

$$c_{it} = a_0 + a_1 fq_{it} + a_2 sr_{it} + a_3 rjmscz_{it} + a_4 fy_{it} + a_5 D_{it} + \varepsilon_{it}$$

$$(i=1, 2, \cdots, 27, t=1995, 1996, \cdots, 2022) \qquad (4-1)$$

其中：c_{it}代表被解释变量居民人均消费支出；fq_{it}代表关键解释变量财政分权程度；sr_{it}代表人均可支配收入控制向量组，具体包括两个变量；$rjmscz_{it}$代表人均民生财政支出；fy_{it}代表人口结构控制变量组；D_{it}代表虚拟控制向量组，具体包括6个变量；ε_{it}代表残差项。

财政分权的度量方式有很多种，我们采取了8种度量方式：预算内财政收入分权、预算内财政支出分权、缩减经济规模的预算内财政收入分权、缩减经济规模的预算内财政支出分权、预算内外财政收入分权、预算内外财政支出分权、缩减经济规模的预算内外财政收入分权、缩减经济规模的预算内外财政支出分权，分别检验这几类财政分权对居民消费的影响，观察结果上有何差异。在人均可支配收入方面，我们区分了农村人均可支配收入和城镇人均可支配收入，分别检验它们对居民消费的影响。由于医疗、社会保障等民生性财政支出会影响居民对未来收入不确定性的预期，因此我们把人均民生财政支出也列为重要解释变量。[①]根据生命周期理论，我们把人口结构因素引入了模型，不仅将总抚养比作为控制变量，还分别将少年儿童抚养比和老年人口抚养比作为解释变量，检验它们对居民消费的影响。宏观政策因素通常会对居民的消费行为造成一定冲击，我们考虑到1996年以来在宏观财税、金融领域内发生的一系列大事件，列了6个虚拟变量，分别是1997年的亚洲金融危机和2008年的美国次贷危机、2002年实施新的所得税收入分享改革方案、2006年取消农业税、2010年实施新型农村社会养老保险、2003年实施新型农村合作医疗、2012年营改增试点。

面板数据变量说明参见表4-1。

---

① 有些学者考虑到不确定性对居民消费的影响，直接把不确定性放在模型中，如邓可斌和易行健（2012）用人均居民收入增长率的平方和卡尔曼滤波算法两种方式来表示收入的不确定性。考虑到本书的研究目的，我们把重点放在了财政分权对居民消费的影响上，因为中央和地方政府的收支行为本身就会影响居民的收入不确定性预期。

表4-1   **面板数据变量说明**

变量	说明
rjxf	被解释变量，居民人均消费支出
fd_r	解释变量，预算内财政收入分权
fd_e	解释变量，预算内财政支出分权
sfd_r	解释变量，缩减经济规模的预算内财政收入分权
sfd_e	解释变量，缩减经济规模的预算内财政支出分权
nwfd_r	解释变量，预算内外财政收入分权
nwfd_e	解释变量，预算内外财政支出分权
snwfd_r	解释变量，预算内外缩减经济规模的财政收入分权
snwfd_r	解释变量，预算内外缩减经济规模的财政支出分权
urjsr	解释变量，农村居民人均可支配收入
crjsr	解释变量，城镇居民人均可支配收入
rjmscz	解释变量，人均民生财政支出
burco	解释变量，总抚养比
burchi	解释变量，少年儿童抚养比（0~14岁）
burold	解释变量，老年人口抚养比（65岁以上）
dump$_1$	金融危机冲击，1997年、1998年、2008年、2009年记为1，其余年份记为0
dump$_2$	2002年实施所得税收入分享改革，2002年以前年份记为0，2002年及以后年份记为1
dump$_3$	营改增试点，2012年及以后年份记为1，其余年份记为0
dump$_4$	取消农业税，2006年及以后年份记为1，其余年份记为0
dump$_5$	新型农村社会养老保险，2010年及以后年份记为1，其余年份记为0
dump$_6$	新型农村合作医疗，2003年及以后年份记为1，其余年份记为0

4.2 数据来源及计算

本书的原始数据均来自历年的《中国统计年鉴》《中国财政年鉴》《新中国六十年统计资料汇编》以及 ESP 数据库，面板数据均以政府发布的这些公开数据为依据进行计算。

4.2.1 居民人均消费支出

根据历年《中国统计年鉴》所发布的分地区居民消费水平指数，计算出以 1995 年为基期的 1995—2017 年的分地区居民消费水平指数，再根据 2018—2022 年的《中国统计年鉴》中的居民消费水平计算出 2018—2022 年新的分地区居民消费水平指数，然后计算出剔除物价因素的分地区居民人均消费支出。由于居民消费水平指数只更新到 2017 年，根据公式：第 t 期消费水平指数=基期消费水平指数 ×t 期的居民消费水平/基期的居民消费水平，我们选取《中国统计年鉴》中 2018—2022 年的分地区居民人均消费支出[①]（由于分地区居民人均消费支出从 2013 年开始公布，因此无法从 1995 年开始全部替换，因此只替换数据缺失的年份）替换掉公式中的 t 期的居民消费水平，由此计算出 2018—2022 年中本书所需的相对应的数据，即

$$\text{2018 年往后年份的分地区居民消费水平指数} = \frac{\text{基期消费水平指数} \times (t = 2018, 2019, 2020, 2021, 2022) \text{的居民人均消费支出}}{\text{基期的居民人均消费支出}}$$

4.2.2 财政分权度的计算

为了计算出 8 类财政分权度，我们首先从《中国统计年鉴》中搜

[①] 居民消费水平是用 GDP 支出法中的居民消费除以平均常住人口数得到的，依据国民经济核算原则，国家有关部门只公布年度数据。而居民人均消费支出依据住户调查数据，国家有关部门会公布季度数据。由于二者计算公式极其类似，因此，本书作者认为可以进行替换。

集整理了中央一般预算财政收入决算数、中央一般预算财政支出决算数、各省级行政区地方一般预算财政收入决算数、各省级行政区地方一般预算财政支出决算数、全国人口数、各省级行政区人口数、全国国内生产总值、各省级行政区地区生产总值、中央预算外财政收入、中央预算外财政支出、地方预算外财政收入、地方预算外财政支出等12类原始数据，然后分别计算出各类财政分权度。其中：

$$\text{预算内财政收入分权度} = \cfrac{\cfrac{\text{各省级行政区地方一般预算财政收入决算数}}{\text{各省级行政区人口数}}}{\cfrac{\text{各省级行政区地方一般预算财政收入决算数}}{\text{各省级行政区人口数}} + \cfrac{\text{中央一般预算财政收入决算数}}{\text{全国人口数}}}$$

$$\text{预算内财政支出分权度} = \cfrac{\cfrac{\text{各省级行政区地方一般预算财政支出决算数}}{\text{各省级行政区人口数}}}{\cfrac{\text{各省级行政区地方一般预算财政支出决算数}}{\text{各省级行政区人口数}} + \cfrac{\text{中央一般预算财政支出决算数}}{\text{全国人口数}}}$$

$$\text{缩减经济规模的财政收入分权度} = \cfrac{\cfrac{\text{各省级行政区地方一般预算财政收入决算数}}{\text{各省级行政区人口数}}}{\cfrac{\text{各省级行政区地方一般预算财政收入决算数}}{\text{各省级行政区人口数}} + \cfrac{\text{中央一般预算财政收入决算数}}{\text{全国人口数}}} \times \left(1 - \cfrac{\text{各省级行政区地区生产总值}}{\text{全国国内生产总值}}\right)$$

$$\text{缩减经济规模的财政支出分权度} = \cfrac{\cfrac{\text{各省级行政区地方一般预算财政支出决算数}}{\text{各省级行政区人口数}}}{\cfrac{\text{各省级行政区地方一般预算财政支出决算数}}{\text{各省级行政区人口数}} + \cfrac{\text{中央一般预算财政支出决算数}}{\text{全国人口数}}} \times \left(1 - \cfrac{\text{各省级行政区地区生产总值}}{\text{全国国内生产总值}}\right)$$

$$\text{预算内外财政收入分权度} = \cfrac{\cfrac{\text{各省级行政区地方一般预算财政收入决算数} + \text{地方预算外财政收入}}{\text{各省级行政区人口数}}}{\cfrac{\text{各省级行政区地方一般预算财政收入决算数} + \text{地方预算外财政收入}}{\text{各省级行政区人口数}} + \cfrac{\text{中央一般预算财政收入决算数} + \text{中央预算外财政收入}}{\text{全国人口数}}}$$

$$\text{预算内外财政支出分权度} = \cfrac{\cfrac{\text{各省级行政区地方一般预算财政支出决算数} + \text{地方预算外财政支出}}{\text{各省级行政区人口数}}}{\cfrac{\text{各省级行政区地方一般预算财政支出决算数} + \text{地方预算外财政支出}}{\text{各省级行政区人口数}} + \cfrac{\text{中央一般预算财政支出决算数} + \text{中央预算外财政支出}}{\text{全国人口数}}}$$

$$\text{缩减经济规模的预算内外财政收入分权度} = \cfrac{\cfrac{\text{各省级行政区地方一般预算财政收入决算数} + \text{地方预算外财政收入}}{\text{各省级行政区人口数}}}{\cfrac{\text{各省级行政区地方一般预算财政收入决算数} + \text{地方预算外财政收入}}{\text{各省级行政区人口数}} + \cfrac{\text{中央一般预算财政收入决算数} + \text{中央预算外财政收入}}{\text{全国人口数}}} \times \left(1 - \cfrac{\text{各省级行政区地区生产总值}}{\text{全国国内生产总值}}\right)$$

$$\text{缩减经济规模的预算内外财政支出分权度} = \cfrac{\cfrac{\text{各省级行政区地方一般预算财政支出决算数} + \text{地方预算外财政支出}}{\text{各省级行政区人口数}}}{\cfrac{\text{各省级行政区地方一般预算财政支出决算数} + \text{地方预算外财政支出}}{\text{各省级行政区人口数}} + \cfrac{\text{中央一般预算财政支出决算数} + \text{中央预算外财政支出}}{\text{全国人口数}}} \times \left(1 - \cfrac{\text{各省级行政区地区生产总值}}{\text{全国国内生产总值}}\right)$$

4.2.3　人均可支配收入

由于国家统计局从 2013 年起才开展城乡一体化的住户收支与生活状况调查，此前这项调查工作城镇和农村一直都是分开进行的，因此 1995—2012 年是没有城乡统一的人均可支配收入数据的，只有城镇居民人均可支配收入和农村居民人均纯收入数据。为了计量研究大国财政分权对全国居民消费的影响，我们必须利用 1995—2012 年各省级行政区的城镇居民人均可支配收入、农村居民人均纯收入、各省级行政区总人口数、各省级行政区城镇人口数、各省级行政区农村人口数，计算出 1995—2012 年的居民人均可支配收入。但是由于各个数据库关于城乡人口的统计数据不全、统计口径不一致，我们无法推算 1995—2012 年的全国人均可支配收入，只能在面板数据中放上城镇居民人均可支配收入和农村居民人均纯收入两个变量来代替人均可支配收入。其中，1997—2022 年的分地区城镇居民人均可支配收入数据来自 ESP 数据库，1995 年、1996 年的数据来自《新中国六十年统计资料汇编》，1995—2022 年的农村居民人均纯收入数据来自 ESP 数据库，2013—2022 年的数据用《中国统计年鉴 2023》公布的人均农民可支配收入代替。由于现行数据库中有关城乡收入指数的数据严重缺失，1995—2022 年分地区城镇居民消费指数（1995=100）和分地区农村居民消费指数（1995=100）有 3 个地区（北京、天津、上海）的数据缺失较多，我们用商品零售价格指数（1995=100）替代，分别计算出以 1995 年为基期的 1995—2022 年各省级行政区城镇居民人均可支配收入和各省级行政区农民居民人均纯收入。①

---

① 商品零售价格指数中也有城镇商品零售价格指数和农村商品零售价格指数，但是由于北京、天津、上海数据缺失较多，我们在计算剔除物价因素的城镇居民人均可支配收入和农村居民人均纯收入时，均以商品零售价格指数进行换算。

4.2.4 人均民生财政支出

为了考察财政支出对居民不确定性预期的影响，我们主要选取了医疗卫生支出和社会保障支出两个指标。由于2007年中国实施了政府收支分类改革，统计口径发生了改变，这两组数据由1995—2006年、2007—2022年的两张表格合成。1995—2006年的卫生经费①加上2007—2022年的医疗卫生支出构成了本研究的医疗保障支出；1995—2006年的抚恤和社会福利救济费、社会保障支出加上2007—2022年的社会保障和就业支出构成了社会保障支出；医疗保障支出和社会保障支出一起构成了本研究所定义的民生财政支出。我们依据1995—2022年的分地区总人口数计算出1995—2022年的分地区人均民生财政支出，再根据1995—2022年的商品零售价格指数（1995=100）计算出以1995年为基期的人均民生财政支出。

4.2.5 人口结构

我们选取了历年《中国统计年鉴》中的人口年龄构成和抚养比来衡量1995—2022年各省级行政区的人口结构，具体有3个指标：总抚养比（0~14岁和65岁及以上人群占总人口的比重、少年儿童抚养比（0~14岁人群占总人口的比重）、老年人口抚养比（65岁及以上人群占总人口的比重）。

4.2.6 宏观经济政策变量

根据1995—2022年的具体情况，我们选取了6个虚拟变量，分别是1997年亚洲金融危机和2008年由美国次贷危机引发的全球金融危机、2002年以后的所得税收入分享改革、2003年实施新型农

---

① 1995年、1996年地方财政部门将文教卫生事业费合在一起进行统计，因此没有卫生经费的统计数据。为了不损失两年的面板数据，考虑到我国以前一直采取增量预算的办法，我们在1997年卫生经费的基础上每年按5%递减，虽然会有误差，但是不会影响整体的计量结果。

村合作医疗、2006年取消农业税、2010年实施新型农村社会养老保险、2012开始的营改增试点。

4.3 变量的描述性统计

我们对1995—2022年大国财政分权影响居民消费的所有变量进行描述性统计，结果见表4-2。在样本中，中国香港特别行政区、澳门特别行政区没有被纳入回归分析中；海南、西藏的财政规模、经济规模长期较小，影响数据的平稳性和回归结果，不予以观察；重庆1997年脱离四川省成为直辖市，考虑到前后统计口径的差异，也不予以观察。

表4-2　　大国财政分权影响居民消费的变量描述性统计

VARIABLES	N	mean	sd	min	max
rjxf	756	3 033	1 998	777.1	25 850
fd_r	756	0.485	0.145	0.255	0.892
fd_e	756	0.792	0.0962	0.519	0.949
sfd_r	756	0.467	0.136	0.253	0.848
sfd_e	756	0.765	0.0951	0.518	0.933
nwfd_r	756	0.529	0.138	0.309	0.906
nwfd_e	756	0.807	0.0817	0.577	0.951
snwfd_r	756	0.509	0.129	0.306	0.865
snwfd_e	756	0.779	0.0808	0.572	0.933
crjsr	756	17 285	13 512	2 846	76 695
urjsr	756	6 601	5 569	880	35 002
burco	756	0.399	0.0819	0.193	0.666
burchi	756	0.269	0.0896	0.0964	0.527
burold	756	0.130	0.0408	0.0525	0.407
rjmscz	756	1 157	1 284	5	8 645

本章的回归观察了 27 个省级行政区 28 年的相关数据。对居民人均消费支出的 756 个观测值中，平均值为 3 033 元，标准差为 1 998 元，最小值为 777.1 元，最大值为 25 850 元；对预算内财政收入分权的 756 个观测值中，平均值为 0.485，标准差为 0.145，最小值为 0.255，最大值为 0.892；对预算内财政支出分权的 756 个观测值中，平均值为 0.792，标准差为 0.0962，最小值为 0.519，最大值为 0.949；对缩减经济规模的预算内财政收入分权的 756 个观测值中，平均值为 0.467，标准差为 0.136，最小值为 0.253，最大值为 0.848；对缩减经济规模的预算内财政支出分权的 756 个观测值中，平均值为 0.765，标准差为 0.0951，最小值为 0.518，最大值为 0.933；对预算内外财政收入分权的 756 个观测值中，平均值为 0.529，标准差为 0.138，最小值为 0.309，最大值为 0.906；对预算内外财政支出分权的 756 个观测值中，平均值为 0.807，标准差为 0.0817，最小值为 0.577，最大值为 0.951；对缩减经济规模的预算内外财政收入分权的 756 个观测值中，平均值为 0.509，标准差为 0.129，最小值为 0.306，最大值为 0.865；对缩减经济规模的预算内外财政支出分权的 756 个观测值中，平均值为 0.779，标准差为 0.0808，最小值为 0.572，最大值为 0.933；在城镇居民人均可支配收入的 756 个观测值中，平均值为 6 601 元，标准差为 13 512 元，最小值为 2 846 元，最大值为 76 695 元；在农村居民人均可支配收入的 756 个观测值中，平均值为 6 601 元，标准差为 5 569 元，最小值为 880 元，最大值为 35 002 元；在总抚养比的 756 个观测值中，平均值为 0.399，标准差为 0.0819，最小值为 0.0964，最大值为 0.666；在少年儿童抚养比的 756 个观测值中，平均值为 0.269，标准差为 0.0896，最小值为 0.0964，最大值为 0.527；在老年人口抚养比的 756 个观测值中，平均值为 0.130，标准差为 0.0408，最小值为 0.0525，最大值为 0.407；在人均民生财政支出的 756 个观测值中，平均值为 1 157 元，标准差为 1 284 元，最小值为 5 元，最大值为 8 645 元。

根据对各变量进行描述性统计时所反映出来的问题，为了保证数据的平稳性，我们对模型中部分变量取自然对数，进一步把模型修正为：

$$\ln c_{it} = \alpha_0 + \alpha_1 fq_{it} + \alpha_2 \ln sr_{it} + \alpha_3 \ln rjmscz_{it} + \alpha_4 fy_{it} + \alpha_5 D_{it} + \varepsilon_{it}$$

$$（i=1，2，\cdots，27，t=1995，1996，\cdots，2022） \qquad （4-2）$$

4.4　回归结果与分析

4.4.1　单位根检验

由于本计量经济模型有28年的跨度，虽然我们对所有的定量变量都取了自然对数，数据已经相对平稳，但是为了确保回归结果的科学性，我们依然有必要对所有的定量变量进行单位根检验。我们使用Stata14，对变量进行Levin-Lin-Chu单位根检验，具体结果见表4-3。

表4-3　　　　　　　　　　LLC面板单位根检验结果

VARIABLES	level	level	1st-diff	1st-diff
	intercept	intercept+trend	intercept	intercept+trend
lnrjxf	−0.17369***	−0.33557***	−1.05639***	−1.09379***
	(−8.52)	(−11.90)	(−30.13)	(−31.23)
fd_r	−0.06752***	−0.15981***	−0.75061***	−0.80849***
	(−5.26)	(−8.89)	(−20.24)	(−21.51)
fd_e	−0.05511***	−0.17850***	−0.84140***	−0.87630***
	(−5.28)	(−9.22)	(−23.04)	(−23.89)
sfd_r	−0.06924***	−0.16134***	−0.74671***	−0.79879***
	(−5.34)	(−8.84)	(−20.15)	(−21.30)

续表

VARIABLES	level	level	1st-diff	1st-diff
	intercept	intercept+trend	intercept	intercept+trend
sfd_e	−0.06228***	−0.18256***	−0.86070***	−0.89397***
	(−5.83)	(−9.18)	(−23.48)	(−24.34)
nwfd_r	−0.09458***	−0.20442***	−0.85892***	−0.89137***
	(−6.30)	(−9.82)	(−24.38)	(−24.96)
nwfd_e	−0.06950***	−0.21871***	−0.95500***	−0.98557***
	(−5.82)	(−10.10)	(−27.04)	(−28.22)
snwfd_r	−0.09897***	−0.20491***	−0.87085***	−0.89794***
	(−6.49)	(−9.66)	(−24.96)	(−25.44)
snwfd_e	−0.07665***	−0.22725***	−0.98226***	−1.01185***
	(−6.28)	(−10.14)	(−27.73)	(−29.18)
lncrjsr	−0.44792***	−0.52322***	−1.16363***	−1.17007***
	(−14.42)	(−16.20)	(−31.44)	(−31.64)
lnurjsr	−0.45370***	−0.53122***	−1.13220***	−1.13764***
	(−14.46)	(−16.60)	(−31.58)	(−31.77)
burco	−0.24573***	−0.48340***	−1.29049***	−1.31839***
	(−9.98)	(−16.53)	(−38.70)	(−40.17)
burchi	−0.18931***	−0.41848***	−1.27647***	−1.30797***
	(−8.90)	(−15.22)	(−38.81)	(−40.65)
burold	−0.19127***	−0.49854***	−1.27873***	−1.31285***
	(−7.60)	(−15.01)	(−35.47)	(−36.82)
lnrjmscz	−0.56604***	−0.68402***	−1.26909***	−1.27677***
	(−17.15)	(−19.42)	(−34.48)	(−34.82)
Observations	729	729	702	702

t-statistics in parentheses

*** p<0.01，** p<0.05，* p<0.1

根据单位根检验结果，所有定量变量都是平稳且单阶同整的，因此我们不需要再进行协整检验，可以对原序列数据直接进行回归。

4.4.2 Hausman检验和F检验

我们下面要具体判断究竟是选择固定效应模型、混合效应模型还是随机效应模型。首先，我们分别进行固定效应模型回归和随机效应模型回归，然后进行Hausman检验；如果拒绝了随机效应假设，再结合固定效应回归结果给出的F值，则判断该面板更适合混合效应模型。下面我们分别给出预算内财政分权混合效应模型的回归结果（见表4-4）和预算内外财政分权混合效应模型的回归结果（见表4-5）。

表4-4   大国预算内财政分权与全国居民消费关系的回归结果
（混合效应模型）

lnrjxf	（1）	（2）	（3）	（4）
VARIABLES	fd_r	fd_e	sfd_r	sfd_e
	1.454***	2.229***	1.448***	1.603***
	（9.877）	（8.967）	（9.234）	（6.598）
lncrjsr	0.174***	0.236***	0.192***	0.269***
	（4.383）	（6.028）	（4.825）	（6.748）
lnurjsr	0.0867**	0.201***	0.102***	0.222***
	（2.211）	（5.380）	（2.593）	（5.799）
burco	−108.9	−51.01	−118.1	−87.30
	（−0.256）	（−0.119）	（−0.276）	（−0.199）
burchi	108.6	50.24	117.7	86.31
	（0.255）	（0.117）	（0.275）	（0.196）

lnrjxf	(1)	(2)	(3)	(4)
VARIABLES	fd_r	fd_e	sfd_r	sfd_e
burold	108.5	50.69	117.7	86.89
	(0.255)	(0.118)	(0.275)	(0.198)
lnrjmscz	−0.00302	−0.0509**	−0.00935	−0.0414*
	(−0.163)	(−2.515)	(−0.499)	(−1.948)
$dump_1$	0.0312	−0.000743	0.0321	0.0170
	(0.674)	(−0.0158)	(0.690)	(0.354)
$dump_2$	−0.0310	−0.143*	−0.0413	−0.184**
	(−0.370)	(−1.736)	(−0.489)	(−2.188)
$dump_3$	−0.186***	−0.242***	−0.200***	−0.259***
	(−3.058)	(−3.942)	(−3.261)	(−4.121)
$dump_4$	0.115*	0.00703	0.112*	0.0110
	(1.844)	(0.113)	(1.787)	(0.173)
$dump_5$	−0.108	−0.242***	−0:113	−0.222***
	(−1.572)	(−3.472)	(−1.631)	(−3.124)
$dump_6$	0.103	0.0359	0.101	0.0402
	(1.241)	(0.428)	(1.209)	(0.468)
Constant	5.054***	3.121***	4.856***	3.202***
	(13.85)	(8.149)	(13.33)	(7.933)
Observations	756	756	756	756

Standard errors in parentheses

*** p<0.01, ** p<0.05, * p<0.1

表4-5　　大国预算内外财政分权与全国居民消费关系的回归结果

（混合效应模型）

lnrjxf	（5）	（6）	（7）	（8）
VARIABLES	nwfd_r	nwfd_e	snwfd_r	snwfd_e
	1.475***	2.463***	1.464***	1.660***
	（9.523）	（8.706）	（8.833）	（6.054）
lncrjsr	0.184***	0.232***	0.202***	0.269***
	（4.624）	（5.908）	（5.085）	（6.723）
lnurjsr	0.0826**	0.186***	0.0993**	0.214***
	（2.083）	（4.940）	（2.502）	（5.553）
burco	−108.7	−80.33	−116.6	−109.8
	（−0.255）	（−0.186）	（−0.271）	（−0.249）
burchi	108.3	79.6	116.2	108.8
	（0.254）	（0.185）	（0.270）	（0.246）
burold	108.2	79.97	116.2	109.4
	（0.254）	（0.186）	（0.270）	（0.248）
lnrjmscz	0.00898	−0.0455**	0.00176	−0.0353*
	（0.487）	（−2.260）	（0.0941）	（−1.660）
dump_1	0.0192	−0.0309	0.0207	−0.000297
	（0.413）	（−0.647）	（0.441）	（−0.00608）
dump_2	−0.0253	−0.132	−0.0369	−0.182**
	（−0.299）	（−1.594）	（−0.432）	（−2.156）
dump_3	−0.174***	−0.230***	−0.189***	−0.253***
	（−2.834）	（−3.740）	（−3.065）	（−3.998）
dump_4	0.140**	0.0333	0.136**	0.0284
	（2.218）	（0.535）	（2.134）	（0.446）

续表

lnrjxf	（5）	（6）	（7）	（8）
VARIABLES	nwfd_r	nwfd_e	snwfd_r	snwfd_e
dump$_5$	−0.0758	−0.240***	−0.0825	−0.219***
	（−1.090）	（−3.440）	（−1.178）	（−3.060）
dump$_6$	0.115	0.0534	0.112	0.0522
	（1.377）	（0.636）	（1.334）	（0.606）
Constant	4.813***	2.986***	4.610***	3.151***
	（13.29）	（7.638）	（12.71）	（7.592）
Observations	756	756	756	756

Standard errors in parentheses

*** p<0.01，** p<0.05，* p<0.1

4.4.3 大国预算内财政分权模型的回归结果与分析

（1）大国预算内财政分权对全国居民消费的影响

根据表4-4，我们观察到所有财政分权指标对居民消费的影响都在1%的水平上显著为正，系数分别为1.454、2.229、1.448和1.603。这意味着预算内财政收入分权每增加1个百分点，居民人均消费支出的增长率将增长145.4%，预算内财政支出分权每增加1个百分点，居民人均消费支出的增长率将增长222.9%；缩减经济规模的预算内财政收入分权每增加1个百分点，居民人均消费支出的增长率将增长144.8%，缩减经济规模的预算内财政收入分权每增加1个百分点，居民人均消费支出的增长率将增长160.3%。

（2）城镇居民人均可支配收入对全国居民消费的影响

在预算内财政收入分权、预算内财政支出分权、缩减经济规模的预算内财政收入分权模型和缩减经济规模的预算内财政支出分权模型中，城镇居民人均可支配收入对全国居民消费的影响都显著为正数，且都在 1% 的水平上显著，系数分别为 0.174、0.236、0.192 和 0.269。这意味着在预算内财政收入分权模型中，城镇居民人均可支配收入的增长率每增加 1 个百分点，居民人均消费支出的增长率将增长 17.4%；在预算内财政支出分权模型中，城镇居民人均可支配收入的增长率每增加 1 个百分点，居民人均消费支出的增长率将增长 23.6%；在缩减经济规模的预算内财政收入分权模型中，城镇居民人均可支配收入的增长率每增加 1 个百分点，居民人均消费支出的增长率将增长 19.2%；在缩减经济规模的预算内财政支出分权模型中，城镇居民人均可支配收入的增长率每增加 1 个百分点，居民人均消费支出的增长率将增长 26.9%。

（3）农村居民人均可支配收入对全国居民消费的影响

在预算内财政支出分权、缩减经济规模的预算内财政收入分权模型和缩减经济规模的预算内财政支出分权模型中，农村居民人均可支配收入对全国居民消费的影响均在 1% 的水平上显著为正，系数分别为 0.201、0.102 和 0.222。这意味着在预算内财政支出分权模型中，农村居民人均可支配收入的增长率每增加 1 个百分点，居民人均消费支出的增长率将增长 20.1%；在缩减经济规模的预算内财政收入分权模型中，农村居民人均可支配收入的增长率每增加 1 个百分点，居民人均消费支出的增长率将增长 10.2%；在缩减经济规模的预算内财政支出分权模型中，农村居民人均可支配收入的增长率每增加 1 个百分点，居民人均消费支出的增长率将增长 22.2%。在预算内财政收入分权模型中，农村居民人均可支配收入对全国居民消费的影响均在 5% 的水平上显著为正，系数为 0.0867。这意味着在预算内财政收入分权模型中，农村居民人均可支配收入的增长率每增加 1 个百分点，居民人均消费支出的增长率将增长 8.67%。

（4）总抚养比对全国居民消费的影响

在所有预算内财政分权模型中，总抚养比对全国居民消费水平的影响为负，且结果不显著。

（5）少年儿童抚养比对全国居民消费的影响

在所有预算内财政分权模型中，少年儿童抚养比对全国居民消费水平的影响都为正，但结果不显著。

（6）老年人口抚养比对全国居民消费的影响

在所有预算内财政分权模型中，老年人口抚养比对全国居民消费水平的影响都为正，但结果不显著。

（7）人均民生财政支出对全国居民消费的影响

在预算内财政收入分权和缩减经济规模的预算内财政收入分权模型中，人均民生财政支出对全国居民消费水平的影响都为负，但结果不显著。在预算内财政支出分权模型中，人均民生财政支出对全国居民消费水平的影响在5%的水平上显著为负，回归系数为−0.0509。这意味着人均民生财政支出的增长率每增加1个百分点，居民人均消费支出的增长率将降低5.09%。在缩减经济规模的预算内财政支出分权模型中，人均民生财政支出对全国居民消费水平的影响在10%的水平上显著为负，回归系数为−0.0414。这意味着人均民生财政支出的增长率每增加1个百分点，居民人均消费支出的增长率将降低4.14%。

（8）金融危机对全国居民消费的影响

在预算内财政收入分权模型、缩减经济规模的预算内财政收入分权模型和缩减经济规模的预算内财政支出分权模型中，两次金融危机对全国居民消费的影响都为正，但结果不显著。在预算内财政支出分权模型中，两次金融危机对全国居民消费的影响都为负，但结果不显著。

（9）2002年所得税收入分享改革对全国居民消费的影响

在预算内财政收入分权和缩减经济规模的预算内财政收入分权模型中，2002年所得税收入分享改革对全国居民消费水平的影响都为负，但结果不显著。在预算内财政支出分权和缩减经济规模的预算内财政支出分权模型中，2002年所得税收入分享改革对全国居民消费水平的影响都为负，且分别在10%和5%的水平上显著。

（10）营改增试点对全国居民消费的影响

在预算内财政收入分权模型、预算内财政支出分权模型、缩减经济规模的预算内财政收入分权模型和缩减经济规模的预算内财政支出分权模型中，营改增试点对居民人均消费支出的影响都为负，且结果都在1%的水平上显著，系数分别为−0.186、−0.242、−0.2和−0.259。这意味着在预算内财政收入分权模型中，营改增试点使得居民人均消费支出的增长率降低18.6%；在预算内财政支出分权模型中，营改增试点使得居民人均消费支出的增长率降低24.2%；在缩减经济规模的预算内财政收入分权模型中，营改增试点使得居民人均消费支出的增长率降低20%，在缩减经济规模的预算内财政支出分权模型中，营改增试点使得居民人均消费支出的增长率降低25.9%。

（11）取消农业税对全国居民消费的影响

在预算内财政收入分权和缩减经济规模的预算内财政收入分权模型中，取消农业税对居民人均消费支出的影响都为正，且都在10%的水平上显著，系数分别为0.115和0.112。这意味着在预算内财政收入分权模型中，取消农业税使居民人均消费支出的增长率增加了11.5%；在缩减经济规模的预算内财政收入分权模型中，取消农业税使居民人均消费支出的增长率增加了11.2%。在预算内财政支出分权模型和缩减经济规模的预算内财政支出分权模型中，取消农业税对居民人均消费支出的影响都为正，但结果不显著。

（12）新型农村社会养老保险对全国居民消费的影响

在预算内财政支出分权模型和缩减经济规模的预算内财政支出分权模型中，新型农村社会养老保险对全国居民消费的影响都为负，且都在1%的水平上显著，系数分别为−0.242和−0.222。这意味着在预算内财政收入分权模型中，取消农业税使居民人均消费支出的增长率降低了24.2%；在缩减经济规模的预算内财政收入分权模型中，取消农业税使居民人均消费支出的增长率降低了22.2%。在预算内财政收入分权模型和缩减经济规模的预算内财政收入分权模型中，取消农业税对居民人均消费支出的影响都为负，但结果不显著。

（13）新型农村合作医疗对全国居民消费的影响

在所有预算内财政分权模型中，新型农村合作医疗对全国居民消费的影响都为正，但结果不显著。

4.4.4　大国预算内外财政分权模型的回归结果与分析

由于中国长期除了一般公共预算以外还存在大量的预算外收入和预算外支出，因此，为了更全面地考察中国的财政分权对居民消费的影响，我们把预算内外收支一起考虑来衡量财政分权指标，刻画其对居民消费的影响，对照预算内财政分权模型的结果，看看会有什么差异。

（1）预算内外财政分权对全国居民消费的影响

预算内外财政收入分权、预算内外财政支出分权、缩减经济规模的预算内外财政收入分权和缩减经济规模的预算内外财政支出分权对居民消费的影响结果都在1%的水平上显著为正，其系数分别为1.475、2.463、1.464和1.660。这意味着预算内外财政收入分权每提高1个百分点，全国居民人均消费支出的增长率将提高147.5%；预算内外财政支出分权每提高1个百分点，全国居民人均消费支出的增长率将提高246.3%；缩减经济规模的预算内外财政收入分权每提高1个百分点，全国居民人均消费支出的增长率将提高146.4%；缩减经济规模的预算内外财政支出分权每提高1个百分点，全国居民人均消费支出的增长率将提高166.0%。

（2）城镇居民人均可支配收入对全国居民消费的影响

在预算内外财政收入分权模型、预算内外财政支出分权模型、缩减经济规模的预算内外财政收入分权模型和缩减经济规模的预算内外财政支出分权模型中，城镇居民人均可支配收入对全国居民消费的影响都在1%的水平上显著为正，系数分别为0.184、0.232、0.202和0.269。这意味着在预算内外财政收入分权模型中，城镇居民人均可支配收入的增长率每提高1个百分点，全国居民人均消费支出的增长率将提高18.4%；在预算内外财政支出分权模型中，城镇居民人均可支配收入的增长率每提高1个百分点，全国居民人均消费支出的增长率将提高23.2%；在缩减经济规模的预算内外财政收入分权模型中，城镇居民人均可支配收入的增长率每提高1个百分点，全国居民人均消费支出的增长率将提高20.2%；在缩减经济规模的预算内外财政支出分权模型中，城镇居民人均可支配收入的增长率每提高1个百分点，全国居民人均消费支出的增长率将提高26.9%。

（3）农村居民人均可支配收入对全国居民消费的影响

在预算内外财政收入分权和缩减经济规模的预算内外财政收入分权模型中，农村居民人均可支配收入对全国居民消费的影响都在5%的水平上显著为正，系数分别为0.0826和0.0993。这意味着在预算内外财政收入分权模型中，农村居民人均可支配收入的增长率每提高1个百分点，全国居民人均消费支出的增长率将提高8.26%；在缩减经济规模的预算内外财政收入分权模型中，农村居民人均可支配收入的增长率每提高1个百分点，全国居民人均消费支出的增长率将提高9.93%。在预算内外财政支出分权和缩减经济规模的预算内外财政支出分权模型中，农村居民人均可支配收入对居民消费的影响都在1%的水平上显著为正，系数分别为0.186和0.214。这意味着在预算内外财政支出分权模型中，农村居民人均可支配收入的增长率每提高1个百分点，全国居民人均消费支出的增长率将提高18.6%；在缩减经济规模的预算内外财政支出分权模型中，农村居民人均可支配收入的增长率每提高1个百分点，全国居民人均消费支出的增长率将提高21.4%。

（4）总抚养比对全国居民消费的影响

在所有预算内外财政分权模型中，总人口抚养比对全国居民消费的影响都为负值，但是结果都不显著。

（5）少年儿童抚养比对全国居民消费的影响

在所有预算内外财政分权模型中，少年儿童抚养比对全国居民消费的影响为正值，但是结果都不显著。

（6）老年人口抚养比对全国居民消费的影响

在所有预算内外财政分权模型中，老年人口抚养比对全国居民消费的影响为正值，但是结果都不显著。

（7）人均民生财政支出对全国居民消费的影响

在预算内外财政收入分权和缩减经济规模的预算内外财政收入分权模型中，人均民生财政支出对居民消费的影响都为正值，但是结果都不显著。在预算内外财政支出分权模型中，人均民生财政支出对居民消费的影响在5%的水平上显著为负值，系数为−0.0455。这意味着人均民生财政支出的增长率每增加1个百分点，居民人均消费支出的增长率将降低4.55%。在缩减经济规模的预算内外财政支出分权模型中，人均民生财政支出对居民消费的影响在1%的水平上为负值，系数为−0.0353。这意味着人均民生财政支出的增长率每增加1个百分点，居民人均消费支出的增长率将降低3.53%。

（8）金融危机对全国居民消费的影响

在预算内外财政收入分权和缩减经济规模的预算内外财政收入分权模型中，金融危机对全国居民消费的影响为正，结果不显著。在预算内外财政支出分权和缩减经济规模的预算内外财政支出分权模型中，金融危机对全国居民消费的影响为负，结果不显著。

（9）2002年所得税收入分享改革对全国居民消费的影响

在预算内外财政收入分权模型、预算内外财政支出分权模型和缩减经济规模的预算内外财政收入分权模型中，2002年所得税收入分享改革对全国居民消费的影响为负，结果不显著。在缩减经济规模的预算内外财政支出分权模型中，2002年所得税收入分享改革对全国居民消费的影响在5%的水平上显著为负，且系数为-0.182。这意味着2002年所得税收入分享改革使得全国居民消费支出的增长率降低18.2%。

（10）营改增试点对全国居民消费的影响

在预算内外财政收入分权模型、预算内外财政支出分权模型、缩减经济规模的预算内外财政收入分权模型和缩减经济规模的预算内外财政支出分权模型中，营改增试点对全国居民消费的影响在1%的水平上显著为负，系数分别为-0.174、-0.23、-0.189和-0.253。这意味着在预算内外财政收入分权模型、预算内外财政支出分权模型、缩减经济规模的预算内外财政收入分权模型和缩减经济规模的预算内外财政支出分权模型中，营改增试点使全国居民人均消费支出的增长率分别降低了17.4%、23%、18.9%和25.3%。

（11）取消农业税对全国居民消费的影响

在预算内外财政收入分权模型、缩减经济规模的预算内外财政收入分权模型中，取消农业税对全国居民消费的影响都在5%的水平上显著为正，其系数分别为0.140和0.136。这意味着在预算内外财政收入分权和缩减经济规模的预算内外财政收入分权模型中，取消农业税使全国居民人均消费支出的增长率分别提高了14.0%和13.6%；在预算内外财政支出分权和缩减经济规模的预算内外财政支出分权模型中，取消农业税对全国居民消费的影响为正值，但是结果并不显著。

（12）新型农村社会养老保险对全国居民消费的影响

在预算内外财政支出分权模型和缩减经济规模的预算内外财政支出分权模型中，新型农村社会养老保险对全国居民消费的影响在1%的水平上显著为负，且回归系数分别是-0.24和-0.219。这意味着在预算内外财政支出分权模型中，新型农村社会养老保险使全国居民人均消费支出的增长率降低了24%，在缩减经济规模的预算内外财政支出分权模型中，新型农村社会养老保险使全国居民人均消费支出的增长率降低了21.9%。而在预算内外财政收入分权和缩减经济规模的预算内外财政收入分权模型中，新型农村社会养老保险对全国居民消费的影响也都为负值，但结果并不显著。

（13）新型农村合作医疗对全国居民消费的影响

在所有预算内外财政分权模型中，新型农村合作医疗对全国居民消费的影响为正值，但是结果都不显著。

4.5 本章小结

本章利用1995—2022年的面板数据，就全国27个省级行政区政府的财政分权对全国居民消费的影响进行经验研究。我们根据财政分权度量方法的不同一共设置了8个模型，分别为预算内财政收入分权模型、预算内财政支出分权模型、缩减经济规模的预算内财政收入分权模型、缩减经济规模的预算内财政支出分权模型、预算内外财政收入分权模型、预算内外财政支出分权模型、预算内外缩减经济规模的财政收入分权模型和预算内外缩减经济规模的财政支出分权模型。我们根据计量分析结果得到了如下重要结论：

第一，每一类财政分权对全国居民消费的影响都显著为正，这充分说明了本课题研究的重要意义。另外，我们发现所有类别的财政支出分权对全国居民消费的影响系数都要远远大于财政收入分权对全国居民消费的影响程度。

第二，城镇居民人均可支配收入对全国居民消费的影响在所有分权模型中都显著为正，农村居民人均可支配收入对全国居民消费的影响在所有模型中也都显著为正。这说明经济的发展会提升居民的可支配收入水平，从而增加居民消费，与理论预期相一致。城镇居民可支配收入或者农村居民可支配收入对全国居民消费的影响，结果会出现偏差。由于1995—2022年全国居民可支配收入数据的缺失，目前还没办法用面板数据度量全国居民可支配收入对全国居民消费的影响，我们计划在下一章用面板数据计量城镇居民可支配收入对城镇居民消费的影响、农村居民可支配收入对农村居民消费的影响，从而进一步分类细化讨论全国居民可支配收入对全国居民消费的影响。

第三，在所有财政分权模型中，总抚养比、少年儿童抚养比和老年人口抚养比对全国居民消费的影响都不显著，这在一定程度上说明生命周期理论对全国居民消费的解释力不强。

第四，在所有财政支出分权模型中，人均民生财政支出对全国居民消费的影响都显著为负，但是在所有财政收入分权模型中，人均民生财政支出对全国居民消费的影响结果都不显著。这说明"中央对地方政府的转移支付，不论是有条件还是无条件的，都会漏出一部分到私人部门，从而导致居民消费的增加"的解释力并不强。

第五，在预算内财政收入分权模型、缩减经济规模的预算内财政收入分权模型和缩减经济规模的预算内财政支出分权模型中，金融危机都导致了全国居民消费的增加，但其结果不显著。在预算内财政支出分权模型中，金融危机导致了全国居民消费的减少，但其结果不显著。在预算内外财政收入分权和缩减经济规模的预算内外财政收入分权模型中，金融危机对居民消费的影响为正，但结果并不显著。在预算内外财政支出分权和缩减经济规模的预算内外财政支出分权模型中，金融危机对居民消费的影响都为负，但结果并不显著。

第六，在所有预算内外财政分权模型中，2002年所得税收入分享改革对全国居民消费的影响都为负值，但只有在缩减经济规模的预算内外财政支出分权模型中结果在10%的水平上显著。在所有预算内财政分权模型中，2002年所得税收入分享改革对全国居民消费的影响都为负值，但只有在预算内财政支出分权和缩减经济规模的预算内财政支出分权模型中，2002年所得税收入分享改革对全国居民消费的影响分别在10%和5%的水平上显著为负。

第七，在所有财政分权模型中，营改增试点对全国居民消费的影响都为负值，且在1%的水平上显著。

第八，在所有财政分权模型中，取消农业税对全国居民消费的影响都为正值，但在预算内财政收入分权模型和缩减经济规模的预算内财政收入分权模型中，回归结果在10%的水平上显著；在预算内外财政收入分权模型和缩减经济规模的预算内外财政收入分权模型中，回归结果在5%的水平上显著。

第九，在所有财政收入分权模型中，新型农村社会养老保险对全国居民消费的影响都为负值，其中预算内外财政支出分权模型、缩减经济规模的预算内外财政支出分权模型、预算内财政支出分权模型和缩减经济规模的预算内财政支出分权模型的结果在1%的水平上显著，其余模型中的结果均不显著。

第十，在所有的财政分权模型中，新型农村合作医疗对全国居民消费的影响都为正值，但回归结果都不显著。

第5章 大国财政分权对城乡居民消费影响的经验研究

中国长期实行城乡割裂的二元经济结构，导致城乡收入差距、消费差距不断拉大，因此我们认为有必要分别讨论大国财政分权对城镇居民消费的和农村居民消费的影响，并比较二者之间的差别。由于北京、天津、上海是直辖市，跟其他省级行政区比较起来，城镇化水平、居民收入水平和消费水平都明显偏高，为了保证数据的平稳性和回归结果的科学性，我们在本章去掉了这3个直辖市，仅考虑了1995—2022年24个省级行政区的面板数据。①

5.1 计量经济面板模型的设置

结合此前的理论分析和实证分析，我们设定的计量面板模型如下：

---

① 除中国台湾地区、香港特别行政区、澳门特别行政区、西藏自治区、海南省、四川省、重庆市、北京市、天津市、上海市以外的24个省级行政区。

$$c_{it} = a_0 + a_1 fq_{it} + a_2 rjsr_{it} + a_3 rjmscz_{it} + a_4 fy_{it} + a_5 D_{it} + \varepsilon_{it}$$

$$(i=1, 2, \cdots, 27, t=1995, 1996, \cdots, 2022) \qquad (5-1)$$

c_{it} 代表 1995—2022 年 24 个省级行政区的城镇居民人均消费支出或者农村居民人均消费支出；a_0 是常数项，a_1、a_2、a_3、a_4、a_5 分别代表回归变量的系数；fq_{it} 代表 1995—2022 年 24 个省级行政区的财政分权程度；$rjsr_{it}$ 代表 1995—2022 年 24 个省级行政区的城镇居民人均可支配收入或者农村居民人均可支配收入；$rjmscz_{it}$ 代表 1995—2022 年 24 个省级行政区的人均民生财政支出；fy_{it} 代表人口结构控制变量组，具体包括 1995—2022 年 24 个省级行政区的总抚养比、少年儿童抚养比、老年人口抚养比；D_{it} 代表虚拟控制向量组，具体包括 dump$_1$、dump$_2$、dump$_3$、dump$_4$、dump$_5$、dump$_6$ 等 6 个虚拟变量，分别代表金融危机、2002 年的所得税收入分享改革、营改增试点、取消农业税、新型农村社会养老保险、新型农村合作医疗，在计量大国财政分权对城镇居民消费的影响时，主要使用 dump$_1$、dump$_2$、dump$_6$ 这 3 个虚拟变量，而在计量大国财政分权对居民消费的影响时，主要采用 dump$_3$、dump$_4$、dump$_5$ 等虚拟变量；ε_{it} 代表残差项。面板数据变量说明参见表 5-1。

表5-1　　　　　　　　　　　面板数据变量说明

变量	说明
crjxf	被解释变量，城镇居民人均消费支出
urjxf	被解释变量，农村居民人均消费支出
fd_r	解释变量，预算内财政收入分权
fd_e	解释变量，预算内财政支出分权
fdrev	解释变量，缩减经济规模的预算内财政收入分权
fdexp	解释变量，缩减经济规模的预算内财政支出分权
zfd_r	解释变量，预算内外财政收入分权
zfd_e	解释变量，预算内外财政支出分权

变量	说 明
zfdrev	解释变量，缩减经济规模的预算内外财政收入分权
zfdexp	解释变量，缩减经济规模的预算内外财政支出分权
crjsr	解释变量，城镇居民人均可支配收入
urjsr	解释变量，农村居民人均可支配收入
rjmscz	解释变量，人均民生财政支出
burco	解释变量，总抚养比
burchi	解释变量，少年儿童抚养比（0~14岁）
burold	解释变量，老年人口抚养比（65岁以上）
$dump_1$	金融危机冲击，1997年、1998年、2008年、2009年分别记为1，其余年份记为0
$dump_2$	2002年实施新的所得税收入分享改革，2002年以前年份记为0，2002年及以后年份记为1
$dump_3$	营改增试点，2012年及以后年份记为1，其余年份记为0
$dump_4$	取消农业税，2006年及以后年份记为1，其余年份记为0
$dump_5$	新型农村社会养老保险，2010年及以后年份记为1，其余年份记为0
$dump_6$	新型农村合作医疗，2003年及以后年份记为1，其余年份记为0

5.2 数据来源及计算

原始数据均来自历年的《中国统计年鉴》《中国财政年鉴》《新中国六十年统计资料汇编》以及ESP数据库，计入计量的面板数据均以政府发布的这些公开数据为依据。

5.2.1 城镇居民人均消费支出

我们根据分地区城镇居民消费价格指数，计算出以1995年为基期的城镇居民消费价格指数，然后得出剔除物价因素的分地区城镇居民人均消费支出。

5.2.2　农村居民人均消费支出

我们根据分地区农村居民消费价格指数计算出以1995年为基期的1995—2022年的分地区农村居民消费价格指数，然后计算出剔除物价因素的分地区农村居民人均消费支出。

其他变量的具体计算详见第4章，在此不再赘述。

5.3　变量的描述性统计

我们对1995—2022年大国财政分权影响城乡居民消费的所有变量进行描述性统计，具体结果见表5-2。

根据表5-2，我们看到1995—2022年24个省级行政区的人均城镇居民消费的平均值为5 164元，标准差是1 805元，最小值是1 423元，最大值是19 900元；农村居民人均消费支出的平均值是1 639元，标准差是718.2元，最小值是207.5元，最大值是7 852元；预算内财政收入分权的平均值是0.446，标准差是0.0994，最小值是0.255，最大值是0.679；预算内财政支出分权的平均值是0.777，标准差是0.0911，最小值是0.519，最大值是0.936；缩减经济规模的预算内财政收入分权的均值是0.430，标准差是0.0884，最小值是0.253，最大值是0.627；缩减经济规模的预算内财政支出分权的均值是0.750，标准差是0.0907，最小值是0.518，最大值是0.933；预算内外财政收入分权的平均值是0.494，标准差是0.0996，最小值是0.309，最大值是0.754；预算内外财政支出分权的平均值是0.793，标准差是0.0758，最小值是0.577，最大值为0.936；缩减经济规模的预算内外财政收入分权的均值是0.475，标准差是0.0883，最小值是0.306，最大值是0.743；缩减经济规模的预算内外财政支出分权的均值是0.766，标准差是0.0756，最小值是0.572，最大值是0.933；城镇居民人均

表5-2 大国财政分权影响城镇居民消费的变量描述性统计

VARIABLES	N	mean	sd	min	max
crjxf	672	5 164	1 805	1 423	19 900
urjxf	672	1 639	718.2	207.5	7 852
fd_r	672	0.446	0.0994	0.255	0.679
fd_e	672	0.777	0.0911	0.519	0.936
sfd_r	672	0.430	0.0884	0.253	0.627
sfd_e	672	0.750	0.0907	0.518	0.933
nwfd_r	672	0.494	0.0996	0.309	0.754
nwfd_e	672	0.793	0.0758	0.577	0.936
snwfd_r	672	0.475	0.0883	0.306	0.743
snwfd_e	672	0.766	0.0756	0.572	0.933
crjsr	672	15 794	11 497	2 846	74 035
urjsr	672	5 791	4 350	880	26 066
rjmscz	672	1 012	1 034	5	4 770
burco	672	0.410	0.0774	0.223	0.666
burchi	672	0.283	0.0835	0.127	0.527
burold	672	0.127	0.0404	0.0525	0.407
$dump_1$	672	0.143	0.350	0	1
$dump_2$	672	0.750	0.433	0	1
$dump_3$	672	0.393	0.489	0	1
$dump_4$	672	0.607	0.489	0	1
$dump_5$	672	0.464	0.499	0	1
$dump_6$	672	0.714	0.452	0	1

可支配收入的平均值是 15 794 元，标准差是 11 497 元，最小值是2 846 元，最大值是 74 035 元；农村居民人均可支配收入的平均值是 5 791 元，标准差是 4 350 元，最小值是 880 元，最大值是 26 066 元；人均民生财政支出的平均值是 1 012 元，标准差是1 034 元，最小值是 5 元，最大值是 4 770 元；总抚养比的平均值是 0.410，标准差为 0.0774，最小值是 0.223，最大值是 0.666；少年儿童抚养比的平均值是 0.283，标准差是 0.0835，最小值是0.127，最大值是 0.527；老年人口抚养比的平均值是 0.127，标准差是 0.0404，最小值是 0.0525，最大值是 0.407。

通过对面板模型中所有定量变量数据的平均值、标准差、最小值和最大值的描述，我们发现数据是不平稳的，需要进一步对数据进行处理。我们对模型中的部分变量取自然对数，进一步将模型修正为：

$$\ln c_{it} = \alpha_0 + \alpha_1 fq_{it} + \alpha_2 \ln rjsr_{it} + \alpha_3 \ln rjmscz_{it} + \alpha_4 fy_{it} + \alpha_5 D_{it} + \varepsilon_{it}$$

$$(i=1, 2, \cdots, 27, \ t=1995, 1996, \cdots, 2022) \qquad (5-2)$$

5.4 单位根检验与 Hausman 检验

5.4.1 单位根检验

我们对取过对数的面板变量数据进行 LLC 单位根检验，数据基本平稳且单阶同整，可以不再对变量数据进行协整检验，而对取过自然对数的数据直接进行回归。LLC 面板单位根检验结果参见表5-3。

5.4.2 Hausman 检验和 F 检验

在对大国财政分权影响城镇居民消费的模型中，通过 Hausman检验，我们发现该面板模型不适合随机效应模型；然后观察固定效应模型的 F 值，发现该面板计量更适合选择混合效应模型。我们又

表5-3   LLC面板单位根检验结果

VARIABLES	level intercept	level intercept+trend	1st-diff intercept	1st-diff intercept+trend
lncrjxf	−0.19488***	−0.37870***	−1.27227***	−1.29569***
	(−8.01)	(−11.21)	(−30.81)	(−31.59)
lnurjxf	−0.18690***	−0.21060***	−1.08274***	−1.13071***
	(−5.94)	(−6.02)	(−23.74)	(−25.13)
fd_r	−0.07060***	−0.17199***	−0.77465***	−0.81814***
	(−5.16)	(−8.53)	(−19.57)	(−20.47)
fd_e	−0.06728***	−0.18787***	−0.87010***	−0.90758***
	(−5.74)	(−8.93)	(−22.50)	(−23.38)
sfd_r	−0.07058***	−0.17188***	−0.76069***	−0.80018***
	(−5.14)	(−8.45)	(−19.28)	(−20.10)
sfd_e	−0.07257***	−0.18825***	−0.87608***	−0.91245***
	(−6.11)	(−8.82)	(−22.61)	(−23.50)
nwfd_r	−0.08762***	−0.21474***	−0.84877***	−0.87339***
	(−5.66)	(−9.49)	(−22.77)	(−23.11)
nwfd_e	−0.07851***	−0.21435***	−0.95151***	−0.98711***
	(−6.12)	(−9.46)	(−25.53)	(−26.77)
snwfd_r	−0.09070***	−0.21420***	−0.86008***	−0.88171***
	(−5.79)	(−9.33)	(−23.10)	(−23.39)
snwfd_e	−0.08411***	−0.21788***	−0.97012***	−1.00595***
	(−6.44)	(−9.36)	(−25.91)	(−27.43)
lncrjsr	−0.45676***	−0.54383***	−1.17902***	−1.18434***
	(−13.73)	(−15.66)	(−30.14)	(−30.29)
lnurjsr	−0.44708***	−0.52362***	−1.12735***	−1.13314***
	(−13.50)	(−15.53)	(−29.67)	(−29.84)

续表

VARIABLES	level	level	1st-diff	1st-diff
	intercept	intercept+trend	intercept	intercept+trend
burco	−0.23003***	−0.47092***	−1.30496***	−1.33331***
	(−9.03)	(−15.52)	(−37.37)	(−38.83)
burchi	−0.21588***	−0.41970***	−1.28620***	−1.31618***
	(−9.21)	(−14.43)	(−37.37)	(−39.09)
burold	−0.19037***	−0.51161***	−1.29593***	−1.33375***
	(−7.03)	(−14.42)	(−34.12)	(−35.57)
lnrjmscz	−0.57550***	−0.68290***	−1.26884***	−1.27787***
	(−16.38)	(−18.25)	(−32.17)	(−32.52)
Observations	648	648	624	624

t-statistics in parentheses

*** p<0.01，** p<0.05，* p<0.1

对大国财政分权影响农村居民消费的模型进行 Hausman 检验，p 值也明显拒绝随机效应的原假设，然后通过固定效应模型的 F 值我们判断该面板模型更适合采取混合效应的形式进行回归，计量结果会更加科学。

5.5 大国财政分权影响城镇居民消费的回归结果与分析

5.5.1 大国预算内财政分权模型的回归结果与分析

根据表 5-4 给出的预算内财政分权对城镇居民消费影响的回归

结果，我们可以很清楚地看到解释变量和被解释变量之间的关系。

表5-4　　大国预算内财政分权与城镇居民消费关系的回归结果

（混合效应模型）

lncrjxf	（1）	（2）	（3）	（4）
VARIABLES	fd_r	fd_e	sfd_r	sfd_e
	2.150***	1.765***	2.296***	0.944***
	（10.94）	（5.576）	（10.42）	（3.089）
lncrjsr	0.163***	0.280***	0.188***	0.324***
	（4.204）	（7.183）	（4.878）	（8.405）
burchi	2.219***	1.318***	2.172***	1.161***
	（8.156）	（4.870）	（7.931）	（4.253）
burold	0.400	0.627	0.458	0.410
	（0.801）	（1.165）	（0.910）	（0.747）
lnrjmscz	0.0247	−0.0542**	0.0119	−0.0292
	（1.392）	（−2.402）	（0.664）	（−1.222）
dump$_1$	0.0429	0.0375	0.0481	0.0554
	（0.895）	（0.733）	（0.998）	（1.071）
dump$_2$	0.100	−0.0482	0.104	−0.104
	（1.056）	（−0.483）	（1.082）	（−1.034）
dump$_6$	0.223**	0.117	0.220**	0.149
	（2.439）	（1.196）	（2.397）	（1.502）
Constant	4.897***	4.283***	4.723***	4.470***
	（16.10）	（12.56）	（15.40）	（12.58）
Observations	672	672	672	672

t-statistics in parentheses

*** p<0.01，** p<0.05，* p<0.1

（1）预算内财政分权对城镇居民消费的影响

不论用哪一种指标来衡量财政分权，它们对城镇居民消费的影响都在1%的水平上显著为正。预算内财政收入分权对城镇居民消费的回归系数是2.150，意味着财政收入分权每增加1个百分点，城镇居民人均消费支出的增长率将增加215%。缩减经济规模的预算内财政收入分权对城镇居民消费的回归系数是2.296，意味着缩减经济规模的财政收入分权每增加1个百分点，城镇居民人均消费支出的增长率将增加229.6%。预算内财政支出分权对城镇居民消费的回归系数为1.765，表示预算内财政支出分权每增加1个百分点，城镇居民人均消费支出的增长率将增加176.5%；缩减经济规模的预算内财政支出分权对城镇居民消费的回归系数是0.944，意味着缩减经济规模的预算内财政支出分权每增加1个百分点，城镇居民人均消费支出的增长率将增加94.4%。

（2）城镇居民人均可支配收入对城镇居民消费的影响

在所有的预算内财政分权模型中，城镇居民人均可支配收入对城镇居民消费的影响都在1%的水平上显著为正，且回归系数在0.163~0.324之间，意味着城镇居民人均可支配收入的增长率每增加1个百分点，城镇居民人均消费支出的增长率将增加16.3%~32.4%。这与理论预期是完全一致的。

（3）少年儿童抚养比对城镇居民消费的影响

在所有的预算内财政分权模型中，少年儿童抚养比对城镇居民消费的回归系数都为正数，且都在1%的水平上显著。这意味着在预算内财政收入分权模型中，少年儿童抚养比每增加1个百分点，城镇居民人均消费支出的增长率就会上升221.9%；在预算内财政支出分权模型中，少年儿童抚养比每增加1个百分点，城镇居民人均消费支出的增长率就会上升131.8%；在缩减经济规模的预算内财政收入分权模型中，少年儿童抚养比每增加1个百分点，城镇居民人均消费支出的增长率就会上升217.2%；在缩减经济规模的预算内财政支出分权模型中，少年儿童抚养比每增加1个百分点，城镇居民人均消费支出的增长率就会上升116.1%。

（4）老年人口抚养比对城镇居民消费的影响

在所有预算内财政分权模型中，老年人口抚养比对城镇居民消费的影响都为正，但回归结果都不显著。

（5）人均民生财政支出对城镇居民消费的影响

在预算内财政收入分权和缩减经济规模的预算内财政收入分权模型中，人均民生财政支出对城镇居民消费的影响为正，但结果不显著。在缩减经济规模的预算内财政收入分权模型中，人均民生财政支出对城镇居民消费的影响为负，但结果不显著。而在预算内财政支出分权模型中，回归结果在5%的水平上显著为负，回归系数为-0.0542，意味着人均民生财政支出的增长率每提高1个百分点，城镇居民人均消费支出的增长率将降低5.42%。

（6）金融危机对城镇居民消费的影响

在所有预算内财政分权模型中，金融危机对城镇居民消费的影响都为正值，但是回归结果都不显著。

（7）2002年所得税收入分享改革对城镇居民消费的影响

在预算内财政收入分权和缩减经济规模的预算内财政收入分权模型中，2002年所得税收入分享改革对城镇居民消费的回归系数为正数，但结果不显著。在预算内财政支出分权和缩减经济规模的预算内财政支出模型中，2002年所得税收入分享改革对城镇居民消费的回归系数为负数，但结果不显著。

（8）新型农村合作医疗对城镇居民消费的影响

预算内财政收入分权和缩减经济规模的预算内财政收入分权模型中，新型农村合作医疗对城镇居民消费的影响都为正值，回归结果在5%的水平上显著，系数分别为0.223和0.220，这意味着新型农村合作医疗使城镇居民消费支出分别增加了22.3%和22.0%。在预算内财政支出分权和缩减经济规模的财政支出分权模型中，新型农村合作医疗对城镇居民消费的影响都为正值，但是回归结果都不显著。

5.5.2　大国预算内外财政分权模型的回归结果与分析

根据表5-5给出的回归结果，我们可以很清楚地看到所有解释变量对被解释变量的影响。

表5-5　　大国预算内外财政分权与城镇居民消费关系的回归结果
（混合效应模型）

lncrjxf	（5）	（6）	（7）	（8）
VARIABLES	nwfd_r	nwfd_e	snwfd_r	snwfd_e
	2.080***	2.558***	2.222***	1.429***
	（10.640）	（7.292）	（10.030）	（4.196）
lncrjsr	0.209***	0.258***	0.236***	0.321***
	（5.560）	（6.686）	（6.306）	（8.373）
burchi	2.240***	1.500***	2.185***	1.230***
	（8.152）	（5.570）	（7.885）	（4.516）
burold	0.331	0.703	0.397	0.488
	（0.661）	（1.331）	（0.784）	（0.898）
lnrjmscz	0.0559***	−0.0659***	0.0438**	−0.0417*
	（3.071）	（−3.051）	（2.409）	（−1.787）
$dump_1$	0.01800	−0.00256	0.02260	0.03510
	（0.3730）	（−0.0503）	（0.4640）	（0.6760）
$dump_2$	0.07250	−0.00501	0.07490	−0.08090
	（0.7630）	（−0.0508）	（0.7780）	（−0.8050）
$dump_6$	0.279***	0.132	0.278***	0.154
	（3.034）	（1.381）	（2.996）	（1.571）
Constant	4.196***	3.804***	3.998***	4.141***
	（13.43）	（10.83）	（12.47）	（11.13）
Observations	672	672	672	672

t-statistics in parentheses

*** p<0.01，** p<0.05，* p<0.1

（1）预算内外财政分权对城镇居民消费的影响

所有预算内外财政分权对城镇居民消费的影响都在1%的水平上显著为正，回归系数分别为2.080、2.558、2.222和1.429。这意味着预算内外财政收入分权每提高1个百分点，城镇居民人均消费支出的增长率将增加208.0%；预算内外财政支出分权每提高1个百分点，城镇居民人均消费支出的增长率将增加255.8%；缩减经济规模的预算内外财政收入分权每提高1个百分点，城镇居民人均消费支出的增长率将增加222.2%；缩减经济规模的预算内外财政支出分权每提高1个百分点，城镇居民人均消费支出的增长率将增加142.9%。

（2）城镇居民人均可支配收入对城镇居民消费的影响

在所有预算内外财政分权模型中，城镇居民人均可支配收入对城镇居民消费影响的回归结果都在1%的水平上显著为正，而且回归系数为0.209~0.321。这意味着城镇居民人均可支配收入的增长率每增加1个百分点，城镇居民人均消费支出的增长率将增加20.9%~32.1%。

（3）少年儿童抚养比对城镇居民消费的影响

在所有预算内外财政分权模型中，少年儿童抚养比对城镇居民消费的影响的回归结果都在1%的水平上显著为正，而且回归系数为1.230~2.240。这意味着少年儿童抚养比的增长率每增加1个百分点，城镇居民人均消费支出的增长率将增加123.0%~224.0%。

（4）老年人口抚养比对城镇居民消费的影响

在所有预算内外财政分权模型中，老年人口抚养比对城镇居民消费影响的回归系数都为正值，但结果都不显著。

（5）人均民生财政支出对城镇居民消费的影响

在预算内外财政收入分权和预算内外财政支出分权模型中，人均民生财政支出对城镇居民消费的影响在1%的水平上显著，系数分别为0.0559和-0.0659。这意味着在预算内外财政收入分权模型中，人均民生财政支出的增长率每提高1个百分点，城镇居民人均消费支出的增长率就会提高 5.59%；在预算内外财政支出分权模型中，人均民生财政支出的增长率每提高 1 个百分点，城镇居民人均消费支出的增长率就会降低 6.59%。缩减经济规模的预算内外财政收入分权模型的回归结果在 5% 的水平上显著为正，回归系数为 0.0438。这意味着人均民生财政支出的增长率每提高 1 个百分点，城镇居民人均消费支出的增长率就会增加 4.38%。缩减经济规模的预算内外财政支出分权模型的回归结果在 10% 的水平上显著为正，回归系数为 -0.0417。这意味着人均民生财政支出的增长率每提高 1 个百分点，城镇居民人均消费支出的增长率就会降低 4.17%。

（6）金融危机对城镇居民消费的影响

在预算内外财政收入分权、缩减经济规模的预算内外财政收入分权和缩减经济规模的预算内外财政支出分权模型中，金融危机对城镇居民消费的影响都为正值，但回归结果不显著。在预算内外财政支出分权模型中，金融危机对城镇居民消费的影响为负值，但回归结果不显著。

（7）2002 年所得税收入分享改革对城镇居民消费的影响

在预算内外财政支出分权和缩减经济规模的预算内外财政支出分权模型中，2002 年所得税收入分享改革对城镇居民消费的影响都为负值，但回归结果不显著。在预算内外财政收入分权和缩减经济规模的预算内外财政收入分权模型中，2002 年所得税收入分享改革对城镇居民消费的影响都为正值，但回归结果不显著。

（8）新型农村合作医疗对城镇居民消费的影响

在预算内外财政收入分权和缩减经济规模的预算内外财政收入分权模型中，新型农村合作医疗对城镇居民消费的影响在 1% 的水平上显著，回归系数分别为 0.279 和 0.278。这意味着在预算内外财政收入分权和缩减经济规模的预算内外财政收入分权模型中，新型农村合作医疗使得城镇居民消费支出分别提高了 27.9% 和 27.8%。在预算内外财政支出分权和缩减经济规模的预算内外财政支出分权模型中，新型农村合作医疗对城镇居民消费的影响为正值，但是回归结果不显著。

5.5.3 小 结

研究结果表明，所有财政分权模型对城镇居民消费的影响都显著为正，财政收入分权对城镇居民消费的影响程度远大于财政支出分权对城镇居民消费的影响程度；城镇居民人均可支配收入对城镇居民消费影响的回归结果都在1%的水平上显著，且回归系数都在0.163~0.324之间；少年儿童抚养比对城镇居民消费的影响都在1%的水平上显著为正；老年人口抚养比对城镇居民消费的影响结果均不显著；人均民生财政支出对城镇居民消费的影响在预算内财政收入分权、缩减经济规模的预算内财政收入分权和缩减经济规模的预算内财政支出分权模型中都不显著；在预算内财政支出分权模型中在5%的水平上显著为负，回归系数为−0.0542；在预算内外财政收入分权模型和预算内外财政支出分权模型中均在1%的水平上显著为正，回归系数分别为0.0559和−0.0659；在缩减经济规模的预算内外财政收入分权模型中在5%的水平上显著为正，回归系数为0.0438；在缩减经济规模的预算内外财政支出分权模型中在10%的水平上显著为负，回归系数为−0.0417。金融危机对城镇居民消费的影响除了在预算内外财政支出分权模型中回归系数为负外，其余模型的回归系数均为正，但都不显著。2002年所得税收入分享改革对城镇居民消费的影响在所有财政收入分权模型中都为正，在所有财政支出分权模型中都为负，但结果都不显著。在预算内财政收入分权模型和缩减经济规模的预算内财政收入分权模型中，新型农村合作医疗对城镇居民消费的影响都在5%的水平上显著为正；在预算内外财政收入分权模型和缩减经济规模的预算内外财政收入分权模型中，新型农村合作医疗对城镇居民消费的影响都在1%的水平上显著为正；在所有财政支出模型中的影响也都为正，但结果都不显著。

5.6 大国财政分权影响农村居民消费的回归结果与分析

5.6.1 大国预算内财政分权模型的回归结果与分析

根据表5-6，我们可以很清楚地看到预算内财政分权模型中各解释变量对被解释变量的影响。

表5-6 大国预算内财政分权与农村居民消费关系的回归结果
（混合效应模型）

lnurjcf	（1）	（2）	（3）	（4）
VARIABLES	fd_r	fd_e	sfd_r	sfd_e
	2.000***	1.414***	1.934***	0.0223
	（10.2900）	（4.1520）	（8.7820）	（0.0671）
lnurjsr	0.251***	0.406***	0.289***	0.408***
	（6.039）	（9.859）	（6.925）	（9.653）
burchi	−0.412	−0.878***	−0.478*	−1.048***
	（−1.531）	（−3.122）	（−1.740）	（−3.697）
burold	−2.017***	−2.164***	−1.994***	−2.651***
	（−3.899）	（−3.871）	（−3.770）	（−4.655）
lnrjmscz	−0.0736***	−0.142***	−0.0834***	−0.112***
	（−3.615）	（−6.286）	（−4.038）	（−4.760）
dump$_1$	−0.03700	−0.00668	−0.03340	0.03450
	（−0.711）	（−0.120）	（−0.627）	（0.612）

续表

lnurjcf	（1）	（2）	（3）	（4）
VARIABLES	fd_r	fd_e	sfd_r	sfd_e
$dump_3$	−0.1270*	−0.1120	−0.1390*	−0.0779
	(−1.820)	(−1.497)	(−1.947)	(−1.023)
$dump_4$	0.0610	−0.1020	0.0504	−0.0666
	(0.934)	(−1.481)	(0.756)	(−0.956)
$dump_5$	−0.001520	−0.010800	0.000583	0.067600
	(−0.01930)	(−0.12600)	(0.00728)	(0.78400)
Constant	5.088***	4.246***	4.920***	5.161***
	(14.530)	(9.767)	(13.740)	(11.340)
Observations	672	672	672	672

t-statistics in parentheses

*** $p<0.01$，** $p<0.05$，* $p<0.1$

（1）预算内财政分权对农村居民消费的影响

在预算内财政收入分权模型、预算内财政支出分权模型和缩减经济规模的预算内财政收入分权模型中，预算内财政分权对农村居民消费的影响都在1%的水平上显著为正，回归系数分别为2.000、1.414和1.934。这意味着预算内财政收入分权每提高1个百分点，农村居民人均消费支出的增长率就会提高200%；预算内财政支出分权每提高1个百分点，农村居民人均消费支出的增长率就会提高141.1%；缩减经济规模的预算内财政收入分权每提高1个百分点，农村居民人均消费支出的增长率就会增加193.4%。在缩减经济规模的预算内财政支出分权模型中，回归系数为0.0223，但结果不显著。

（2）农村居民人均可支配收入对农村居民消费的影响

在所有的预算内财政分权模型中，农村居民人均可支配收入对农村居民消费的影响都在1%的水平上显著为正，回归系数都在0.251~0.408，这说明农村居民人均可支配收入的增长率每提高1个百分点，农村居民人均消费支出的增长率会增加25.1%~40.8%。

（3）少年儿童抚养比对农村居民消费的影响

在预算内财政支出分权模型和缩减经济规模的预算内财政支出分权模型中，少年儿童抚养比对农村居民消费的影响都在1%的水平上显著为负，回归系数在-0.878~-1.048。这意味着少年儿童抚养比每提高1个百分点，农村居民人均消费支出的增长率会下降87.8%~104.8%。在缩减经济规模的预算内财政收入分权模型中，少年儿童抚养比对农村居民消费的影响在10%的水平上显著为负，回归系数为-0.478。这意味着少年儿童抚养比每提高1个百分点，农村居民人均消费支出的增长率会下降47.8%。在预算内财政收入分权模型中，少年儿童抚养比对农村居民消费的影响为负，但结果不显著。

（4）老年人口抚养比对农村居民消费的影响

在所有预算内财政分权模型中，老年人口抚养比对农村居民消费的影响都在1%的水平上显著为正，系数分别为-2.017、-2.164、-1.994和-2.651。这意味着在预算内财政收入分权模型中，老年人口抚养比每提高1个百分点，农村居民人均消费支出的增长率会降低201.7个百分点；在预算内财政支出分权模型中，老年人口抚养比每提高1个百分点，农村居民人均消费支出的增长率会降低216.4个百分点；在缩减经济规模的预算内财政收入分权模型中，老年人口抚养比每提高1个百分点，农村居民人均消费支出的增长率会降低199.4个百分点；在缩减经济规模的预算内财政支出分权模型中，老年人口抚养比每提高1个百分点，农村居民人均消费支出的增长率会降低265.1个百分点。

（5）人均民生财政支出对农村居民消费的影响

在所有预算内财政分权模型中，人均民生财政支出对农村居民消费的影响都在1%的水平上显著为负，回归系数分别为-0.0736、

-0.142、-0.0834和-0.112。这说明在预算内财政收入分权模型中，人均民生财政支出的增长率每提高1个百分点，农村居民人均消费支出的增长率会降低7.36%；在预算内财政支出分权模型中，人均民生财政支出的增长率每提高1个百分点，农村居民人均消费支出的增长率会降低14.2%；在缩减经济规模的预算内财政收入分权模型中，人均民生财政支出的增长率每提高1个百分点，农村居民人均消费支出的增长率会降低8.34%；在缩减经济规模的预算内财政支出分权模型中，人均民生财政支出的增长率每提高1个百分点，农村居民人均消费支出的增长率会降低11.2%。

（6）金融危机对农村居民消费的影响

在预算内财政收入分权模型、预算内财政支出分权模型和缩减经济规模的预算内财政收入分权模型中，结果为负数且不显著。在缩减经济规模的预算内财政支出分权模型中，结果为正数，但也不显著。

（7）营改增试点对农村居民消费的影响

在预算内财政收入分权模型和缩减经济规模的预算内财政收入分权模型中，结果在10%的水平上显著为负数，系数分别为-0.127和-0.139。这意味着营改增试点使农村居民人均消费支出的增长率下降了12.7或者13.9个百分点。在预算内财政支出分权模型和缩减经济规模的预算内财政支出分权模型中，结果也为负数，但并不显著。

（8）取消农业税对农村居民消费的影响

在预算内财政收入分权模型和缩减经济规模的预算内财政收入分权模型中，取消农业税对农村居民消费影响的回归系数都为正值，但回归结果不显著；在预算内财政支出分权和缩减经济规模的财政支出分权模型中，取消农业税对农村居民消费影响的回归系数为负值，但回归结果也不显著。

（9）新型农村社会养老保险对农村居民消费的影响

在预算内财政收入分权模型和预算内财政支出分权模型中，新型农村社会养老保险对农村居民消费的影响的回归系数都为负值，但回归结果不显著。

5.6.2　大国预算内外财政分权模型的回归结果与分析

根据表5-7，我们可以看到在预算内外财政分权模型中各解释变量对被解释变量的影响。

表5-7　　大国预算内外财政分权与农村居民消费关系的回归结果
（混合效应模型）

lnurjxf	（5）	（6）	（7）	（8）
VARIABLES	nwfd_r	nwfd_e	snwfd_r	snwfd_e
	1.987***	1.993***	1.904***	0.254
	（10.46）	（5.399）	（8.822）	（0.699）
lnurjsr	0.253***	0.390***	0.294***	0.411***
	（6.127）	（9.533）	（7.078）	（9.785）
burchi	−0.424	−0.792***	−0.501*	−1.025***
	（−1.582）	（−2.829）	（−1.829）	（−3.613）
burold	−2.092***	−2.082***	−2.060***	−2.571***
	（−4.060）	（−3.772）	（−3.903）	（−4.533）
lnrjmscz	−0.0585***	−0.145***	−0.0699***	−0.117***
	（−2.838）	（−6.586）	（−3.341）	（−5.048）
dump_1	−0.0625	−0.0493	−0.0563	0.0247
	（−1.194）	（−0.870）	（−1.051）	（0.429）
dump_3	−0.0993	−0.111	−0.114	−0.0843
	（−1.424）	（−1.501）	（−1.600）	（−1.111）
dump_4	0.128*	−0.0715	0.111	−0.0674
	（1.925）	（−1.057）	（1.619）	（−0.974）

续表

lnurjxf	(5)	(6)	(7)	(8)
VARIABLES	nwfd_r	nwfd_e	snwfd_r	snwfd_e
dump₅	0.0474	−0.0349	0.0460	0.0560
	(0.607)	(−0.413)	(0.577)	(0.649)
Constant	4.832***	3.879***	4.673***	4.985***
	(13.77)	(8.805)	(12.94)	(10.67)
Observations	672	672	672	672

t-statistics in parentheses

*** p<0.01，** p<0.05，* p<0.1

（1）预算内外财政分权对农村居民消费的影响

预算内外财政收入分权、预算内外财政支出分权和缩减经济规模的预算内外财政收入分权对农村居民消费的影响都在1%的水平上显著为正，回归系数分别为1.987、1.993和1.904。这意味着预算内财政收入分权的增长率每提高1个百分点，农村居民人均消费支出的增长率将提高198.7%；预算内财政支出分权的增长率每提高1个百分点，农村居民人均消费支出的增长率将提高199.3%；缩减经济规模的预算内外财政收入分权的增长率每提高1个百分点，农村居民人均消费支出的增长率将提高190.4%。缩减经济规模的预算内外财政支出分权对农村居民消费影响的回归系数虽然为正值，但回归结果不显著。

（2）农村居民人均可支配收入对农村居民消费的影响

在所有预算内外财政分权模型中，农村居民人均可支配收入对农村居民消费的影响都在1%的水平上显著为正，回归系数在0.253~0.411之间。这意味着农村居民人均可支配收入的增长率每增加1个百分点，农村居民人均消费支出的增长率将提高25.3%~41.1%。

（3）少年儿童抚养比对农村居民消费的影响

在预算内外财政支出分权模型和缩减经济规模的预算内外财政支出分权模型中，回归结果都在1%的水平上显著，回归系数分别为−0.792和−1.025。这意味着在预算内外财政支出分权模型中，少年儿童抚养比每提高1个百分点，农村居民人均消费支出的增长率会下降79.2%；在缩减经济规模的预算内外财政支出分权模型中，少年儿童抚养比每提高1个百分点，农村居民人均消费支出的增长率会下降102.5%。在缩减经济规模的预算内外财政收入分权模型中，回归结果在10%的水平上显著，回归系数是−0.501。这表示少年儿童抚养比每提高1个百分点，农村居民人均消费支出的增长率就下降50.1%。在预算内外财政收入分权模型中的回归结果为负数，但并不显著。

（4）老年人口抚养比对农村居民消费的影响

在所有预算内外财政分权模型中，老年人口抚养比对农村居民消费的影响都在1%的水平上显著为负，回归系数在−2.060~−2.571，意味着老年人口抚养比每提高1个百分点，农村居民人均消费支出的增长率将下降206.0%~257.1%。

（5）人均民生财政支出对农村居民消费的影响

在所有预算内外财政分权模型中，人均民生财政支出对农村居民消费的影响都在1%的水平上显著为负，回归系数在−0.0585~−0.117，表示人均民生财政支出的增长率每提高1个百分点，农村居民人均消费支出的增长率会降低5.85%~11.7%。

（6）金融危机对农村居民消费的影响

在预算内外财政收入分权模型、预算内外财政支出分权模型和缩减经济规模的预算内外财政收入分权模型中结果为负数，但回归结果并不显著。在缩减经济规模的预算内外财政支出分权模型中的结果为正数，但回归结果并不显著。

（7）营改增试点对农村居民消费的影响

在所有预算内外财政分权模型中，营改增试点对农村居民消费的影响都为负值，且结果并不显著。

（8）取消农业税对农村居民消费的影响

在预算内外财政收入分权模型中，取消农业税对农村居民消费的影响在10%的水平上显著为正值，回归系数为0.128，说明取消农业税使得农村居民消费提高12.8%。在预算内外财政支出分权和缩减经济规模的预算内外财政支出分权模型中，取消农业税对农村居民消费的影响为负值，但结果不显著。在缩减经济规模的预算内外财政收入分权模型中，取消农业税对农村居民消费的影响为正值，但结果不显著。

（9）新型农村社会养老保险对农村居民消费的影响

在预算内外财政支出分权模型中，新型农村社会养老保险对农村居民消费的影响为负，但结果并不显著。在预算内外财政收入分权模型、缩减经济规模的预算内外财政收入分权模型和缩减经济规模的预算内外财政支出分权模型中，新型农村社会养老保险对农村居民消费的影响为正，但结果并不显著。

5.6.3　小　结

在预算内财政收入分权模型、预算内财政支出分权模型、缩减经济规模的预算内财政收入分权模型、预算内外财政收入分权模型、预算内外财政支出分权模型和缩减经济规模的预算内外财政收入分权模型中，各分权指标对农村居民消费的影响都在1%的水平上显著为正，在缩减经济规模的预算内财政支出分权和缩减经济规模的预算内外财政支出分权模型中，各分权指标对农村居民消费的影响也为正，但结果不显著。在所有财政分权模型中，农村居民人均可支配收入对农村居民消费的影响都在1%的水平上显著为正。在预算内财政支出分权模型、预算内外财政支出分权模型、缩减经济规模的预算内财政支出分权模型和缩减经济规模的预算内外财政支出分权模型中，少年儿童抚养比对农村居民消费的影响都在1%的水平上显著为负，在缩减经济规模的预算内外财政收入分权和缩减经济规模的预算内外财政收入分权模型的回归结果在10%的水平上显著为负，在预算内财政收入分权模型和预算内外财政收入分权模型中的结果不显著。在所有财政分权模型中，老年人口抚养比对农村居民消费的影响都在1%的水平上显著为负；人均民生财政支出对农村居民消费的影响都在1%的水平上显著为负。在预算内财政收入分权模型、预算内财政支出分权模型、缩减经济规模的预算内财政收入分权模型、预算内外财政收入分权模型、预算内外财政支出分权模型、缩减经济规模的预算内外财政收入分权模型中，金融危机对农村居民消费的影响都为负，但结果不显著。在缩减经济规模的预算内财政收入分权模型和缩减经济规模的预算内外财政收入分权模型中，金融危机对农村居民消费的影响都为正，但结果也不显著。在预算内财政收入分权模型和缩减经济规模的预算内财政收入分权模型中，营改增试点对农村居民消费的影响都在10%的水平上显著为负，在其他模型中营改增试点对农村居民消费的影响也都为负，但结果不显著。在预算内外财政收入分权模型中，取消农业税对农村居民消费的影响在10%的水平上显著为正；在缩减经济规模的预算内外财政收入分权模型、预算内财政收入分权模型和缩减经济规模的预算内财政收入分权模型中，取消农业税对农村居民消费的影响也为正，但结果不显著。在所有财政支出分权模型中，取消农业税对农村居民消费的影响为负，但结果都不显著。在预算内财政收入分权模型、预算内财政支出分权模型和预算内外财政支出分权模型中，新型农村社会养老保险对农村居民消费的影响都为负，但结果不显著。在缩减经济规模的预算内财政收入分权模型、缩减经济规模的预算内财政支出分权模型、预算内外财政收入分权模型、缩减经济规模的预算内外财政收入分权模型和缩减经济规模的预算内外财政支出分权模型中，新型农村社会养老保险对农村居民消费的影响都为正，但结果不显著。

5.7 本章小结

本章运用1995—2022年24个省级行政区的面板数据分别验证了大国财政分权对城镇居民消费和农村居民消费的影响。根据回归结果，我们发现：

第一，虽然大国财政分权对城镇居民消费和农村居民消费的影响都基本上显著为正，但是大国财政分权对城镇居民消费的影响程度要明显高于对农村居民消费的影响程度。

第二，城镇居民人均可支配收入对城镇居民消费的影响和农村居民人均可支配收入对农村居民消费的影响都在1%的水平上显著为正。

第三，少年儿童抚养比对农村居民消费的影响都为负，但对城镇居民消费的影响都为正，且对城镇居民的影响均在1%的水平上显著为正，而对农村居民消费的影响在预算内财政收入分权模型和预算内外财政收入分权模型中不显著；在预算内财政支出分权模型、缩减经济规模的预算内财政支出分权模型、预算内外财政支出分权模型和缩减经济规模的预算内外财政支出分权模型中，少年儿童抚养比对农村居民消费的影响在1%的水平上显著为负；在缩减经济规模的预算内财政收入分权和缩减经济规模的预算内外财政收入分权模型中，少年儿童抚养比对农村居民消费的影响在10%的水平上显著为负。

第四，老年人口抚养比对城镇居民消费的影响为正值，但结果不显著；老年人口抚养比对农村居民消费的影响为负值，在1%的水平上显著为负。

第五，人均民生财政支出对农村居民消费的影响都在1%的水平上显著为负。人均民生财政支出对城镇居民消费的影响在预算内财政收入分权模型、缩减经济规模的预算内财政收入分权模型中为正，在缩减经济规模的预算内财政支出分权模型中却为负，但结果都不显著。在预算内财政支出模型中，人均民生财政支出对城镇居民消费的影响在5%的水平上显著为负。在预算内外财政收入分权模型中，人均民生财政支出对城镇居民消费的影响在1%的水平上显著为正。在预算内外财政支出模型中，人均民生财政支出对城镇居民消费的影响在1%的水平上显著为负。在缩减经济规模的预算内外财政收入分权模型中，人均民生财政支出对城镇居民消费的影响在5%的水平上显著为正。在缩减经济规模的预算内外财政支出分权模型中，人均民生财政支出对农村居民消费的影响都在1%的水平上显著为负。

第六，在预算内财政分权模型中，金融危机对城镇居民消费的影响为正，但结果不显著。在预算内外财政分权模型中的结果除了在预算内外财政支出分权模型中为负外，其余模型均为正，但结果也不显著。在预算内财政收入分权模型、预算内财政支出分权模型、预算内外财政收入分权模型、预算内外财政支出分权模型、缩减经济规模的预算内财政收入分权模型和缩减经济规模的预算内外财政收入分权模型中，金融危机对农村居民消费的影响都为负，但结果都不显著。在缩减经济规模的预算内财政支出分权和缩减经济规模的预算内外财政支出分权模型中，金融危机对农村居民消费的影响都为正，但结果都不显著。

此外，在本书作者设计的模型中，城镇居民消费还受到营改增试点的影响，而农村居民消费还会受到新型农村合作医疗和取消农业税的影响。

第6章 大国财政分权对东、中、西部地区居民消费影响的经验研究

　　中国是一个大国，区域经济之间发展很不平衡。在前面章节中，本书作者实证检验了大国财政分权对全国居民消费和城乡居民消费的影响，本章将分别检验大国财政分权对东、中、西[①]部区域居民消费的影响，比较它们之间的异同。

　　本章我们设定的模型依然是：

$$c_{it} = a_0 + a_1 fq_{it} + a_2 sr_{it} + a_2 rjmscz_{it} + a_3 fy_{it} + a_0 D_{it} + \varepsilon_{it}$$

$$(i=1, 2, \cdots, 27, \ t=1995, 1996, \cdots, 2022) \qquad (6-1)$$

　　其中：c_{it} 代表被解释变量居民人均消费支出；fq_{it} 代表关键解释变量财政分权程度；sr_{it} 代表人均可支配收入控制向量组，具体包括城镇居民人均消费支出和农村居民人均消费支出两个变量；$rjmscz_{it}$ 代表人均民生财政支出；fy_{it} 代表人口结构控制变量组，具

---

　　① 我们按照新三分法来划分我国不同的经济区域，东部地区包括北京、天津、河北、辽宁、上海、江苏、浙江、福建、山东、广东、海南等11个省（直辖市）；中部地区包括山西、吉林、黑龙江、安徽、江西、河南、湖北、湖南等8个省；西部地区包括重庆、四川、贵州、云南、西藏、陕西、甘肃、青海、宁夏、新疆、广西、内蒙古等12个省（自治区、直辖市）。

体包括少年儿童抚养比和老年人口抚养比两个变量；D_{it}代表虚拟控制向量组，具体包括金融危机、2002年所得税收入分享改革、新型农村合作医疗、取消农业税、新型农村社会养老保险、营改增试点等6个变量；ε_{it}代表残差项。所有数据来源及计算与第3章相同。

对模型中部分变量取自然对数，将模型修正为：

$$\ln c_{it} = \alpha_0 + \alpha_1 fq_{it} + \alpha_2 \ln rjsr_{it} + \alpha_3 \ln rjmscz_{it} + \alpha_4 fy_{it} + \alpha_5 D_{it} + \varepsilon_{it}$$
$$(i=1，2，\cdots，27，t=1995，1996，\cdots，2022) \qquad (6-2)$$

6.1 大国财政分权对东部地区居民消费的影响研究

6.1.1 变量的描述性统计

东部地区我们主要选取了北京、天津、河北、辽宁、上海、江苏、浙江、福建、山东、广东等10个省级行政区，海南因经济总量过小，被排除在外。我们首先对东部10个省级行政区1995—2022年的面板数据进行描述性统计（见表6-1）。

表6-1 大国财政分权影响东部地区居民消费的变量描述性统计

VARIABLES	(1)	(2)	(3)	(4)	(5)
	N	mean	sd	min	max
rjxf	280	4 378	2 735	777.1	25 850
fd_r	280	0.619	0.137	0.349	0.892
fd_e	280	0.822	0.0843	0.588	0.949
sfd_r	280	0.586	0.136	0.343	0.848
sfd_e	280	0.778	0.0884	0.559	0.908
nwfd_r	280	0.658	0.127	0.386	0.906
nwfd_e	280	0.839	0.0677	0.635	0.951

续表

VARIABLES	（1）	（2）	（3）	（4）	（5）
	N	mean	sd	min	max
snwfd_r	280	0.622	0.126	0.378	0.865
snwfd_e	280	0.794	0.0741	0.624	0.910
crjsr	280	22 742	17 210	3 691	76 695
urjsr	280	9 439	7 095	1 669	35 002
burchi	280	0.221	0.0811	0.0964	0.527
burold	280	0.144	0.0422	0.0860	0.407
rjmscz	280	1 299	1 567	5	8 645
$dump_1$	280	0.143	0.351	0	1
$dump_2$	280	0.750	0.434	0	1
$dump_3$	280	0.393	0.489	0	1
$dump_4$	280	0.607	0.489	0	1
$dump_5$	280	0.464	0.500	0	1
$dump_6$	280	0.714	0.453	0	1

在居民人均消费支出的 280 个观测值中，平均值是 4 378 元，标准差是 2 735 元，最小值为 777.1 元，最大值是 25 850 元；预算内财政收入分权的平均值是 0.619，标准差是 0.137，最小值是 0.349，最大值是 0.892；预算内财政支出分权的平均值是 0.822，标准差是 0.0843，最小值是 0.588，最大值为 0.949；缩减经济规模的预算内财政收入分权的平均值是 0.586，标准差是 0.136，最小值是 0.343，最大值是 0.848；缩减经济规模的预算内财政支出分权的平均值是 0.778，标准差是 0.0884，最小值是 0.559，最大值是 0.908；预算内外财政收入分权的平均值是 0.658，标准差是 0.127，最小值是 0.386，最大值是 0.906；预算内外财政支出分权的平均值是 0.839，

标准差是 0.0677，最小值是 0.635，最大值为 0.951；缩减经济规模的预算内外财政收入分权的平均值是 0.622，标准差是 0.126，最小值是 0.378，最大值是 0.865；缩减经济规模的预算内外财政支出分权的平均值是 0.794，标准差是 0.0741，最小值是 0.624，最大值是 0.910；城镇居民人均可支配收入的平均值是 22 742 元，标准差是 17 210 元，最小值是 3 691 元，最大值是 76 695 元；农村居民人均可支配收入的平均值是 9 439 元，标准差是 7 095 元，最小值为 1 669 元，最大值是 35 002 元；少年儿童抚养比的平均值是 0.221，标准差是 0.0811，最小值是 0.0964，最大值是 0.527；老年人口抚养比的平均值是 0.144，标准差是 0.0422，最小值为 0.0860，最大值是 0.407；人均民生财政支出的平均值是 1 299 元，标准差是 1 567 元，最小值是 5 元，最大值是 8 645 元。

6.1.2 回归结果与分析

6.1.2.1 单位根检验

根据表 6-2 对东部 10 个省级行政区 1995—2022 年的面板数据单位根检验的结果，我们发现数据基本平稳，可以直接对取对数的序列数据进行回归。

表6-2 LLC面板单位根检验结果

VARIABLES	level	level	1st-diff	1st-diff
	intercept	intercept+trend	intercept	intercept+trend
lnrjxf	−0.10028***	−0.27481***	−1.09732***	−1.16820***
	(−2.70)	(−6.27)	(−17.09)	(−18.30)
fd_r	−0.08888***	−0.09956***	−0.69533***	−0.77589***
	(−4.76)	(−3.84)	(−11.92)	(−13.09)
fd_e	−0.04490***	−0.14044***	−0.69537***	−0.73557***
	(−2.87)	(−5.00)	(−11.89)	(−12.47)

VARIABLES	level	level	1st-diff	1st-diff
	intercept	intercept+trend	intercept	intercept+trend
sfd_r	−0.09361***	−0.10155***	−0.71284***	−0.79010***
	(−4.98)	(−3.86)	(−12.15)	(−13.32)
sfd_e	−0.06062***	−0.15327***	−0.76277***	−0.80163***
	(−3.63)	(−5.20)	(−12.78)	(−13.37)
nwfd_r	−0.16364***	−0.18886***	−0.85121***	−0.88271***
	(−5.85)	(−5.37)	(−15.37)	(−15.92)
nwfd_e	−0.09883***	−0.23067***	−0.85305***	−0.86545***
	(−4.11)	(−6.35)	(−14.79)	(−14.99)
snwfd_r	−0.17324***	−0.20056***	−0.86954***	−0.89493***
	(−6.13)	(−5.56)	(−15.88)	(−16.48)
snwfd_e	−0.13287***	−0.27133***	−0.91593***	−0.92422***
	(−5.01)	(−7.09)	(−15.76)	(−15.98)
lncrjsr	−0.38771***	−0.46149***	−1.12681***	−1.13740***
	(−8.16)	(−9.12)	(−18.71)	(−18.87)
lnurjsr	−0.43369***	−0.48829***	−1.07752***	−1.08311***
	(−8.67)	(−9.63)	(−18.67)	(−18.80)
burchi	−0.19540***	−0.37213***	−1.20144***	−1.24714***
	(−5.99)	(−8.60)	(−20.81)	(−21.83)
burold	−0.32111***	−0.68828***	−1.34902***	−1.35546***
	(−6.81)	(−11.84)	(−23.29)	(−23.43)
lnrjmscz	−0.41073***	−0.52752***	−1.14540***	−1.15154***
	(−8.34)	(−9.64)	(−17.11)	(−17.16)

t-statistics in parentheses

*** p<0.01， ** p<0.05， * p<0.1

6.1.2.2 大国预算内财政分权模型的回归结果与分析

根据表6-3给出的预算内财政分权对东部地区居民消费影响的回归结果，我们可以很清楚地看到各解释变量对被解释变量的影响。

表6-3 大国预算内财政分权与东部居民消费关系的回归结果
（混合效应模型）

VARIABLES	（1）	（2）	（3）	（4）
	fd_r	fd_e	sfd_r	sfd_e
	1.537***	1.489***	1.434***	0.540
	(6.302)	(2.995)	(5.535)	(1.143)
lncrjsr	0.208***	0.249***	0.230***	0.275***
	(3.304)	(3.775)	(3.616)	(4.137)
lnurjsr	0.108*	0.127*	0.112*	0.154**
	(1.662)	(1.841)	(1.700)	(2.199)
burchi	0.0699	−0.848*	0.0502	−1.216**
	(0.146)	(−1.754)	(0.100)	(−2.386)
burold	0.471	0.0355	0.386	0.0602
	(0.730)	(0.0524)	(0.590)	(0.0875)
lnrjmscz	−0.00816	−0.0146	−0.0106	−0.000241
	(−0.338)	(−0.547)	(−0.429)	(−0.00881)
$dump_1$	0.0559	0.0547	0.0580	0.0645
	(0.791)	(0.733)	(0.809)	(0.853)
$dump_2$	−0.0455	−0.133	−0.0512	−0.191
	(−0.322)	(−0.890)	(−0.356)	(−1.259)

续表

VARIABLES	(1)	(2)	(3)	(4)
	fd_r	fd_e	sfd_r	sfd_e
dump$_3$	−0.207*	−0.238**	−0.223**	−0.256**
	(−1.939)	(−2.182)	(−2.065)	(−2.327)
dump$_4$	−0.0531	−0.152	−0.0716	−0.170
	(−0.482)	(−1.387)	(−0.642)	(−1.539)
dump$_5$	−0.0674	−0.170	−0.0805	−0.157
	(−0.562)	(−1.401)	(−0.664)	(−1.286)
dump$_6$	−0.108	−0.291**	−0.125	−0.298**
	(−0.771)	(−2.014)	(−0.872)	(−2.032)
Constant	4.402***	4.058***	4.311***	4.414***
	(9.711)	(7.782)	(9.313)	(8.116)
Observations	280	280	280	280

t-statistics in parentheses

*** p<0.01，** p<0.05，* p<0.1

（1）大国预算内财政分权对东部地区居民消费的影响

在预算内财政收入分权模型、预算内财政支出分权模型和缩减经济规模的预算内财政收入分权模型中，各指标对东部地区居民消费的影响都在1%的水平上显著为正，回归系数分别为1.537、1.489和1.434。这意味着预算内财政收入分权每提高1个百分点，东部地区居民人均消费支出的增长率将提高153.7%；预算内财政支出分权每提高1个百分点，东部地区居民人均消费支出的增长率将提高148.9%；缩减经济规模的预算内财政收入每提升1个百分点，东部地区居民人均消费支出的增长率会提高143.4%。在缩减经济规模的预算内财政支出分权模型中，分权指标对东部地区居民消费的影响也为正，但结果并不显著。

（2）城镇居民人均可支配收入对东部地区居民消费的影响

城镇居民人均可支配收入对东部地区居民消费的影响为正值，且都在1%的水平上显著为正，系数分别为0.208、0.249、0.230和0.275。这意味着城镇居民人均可支配收入的增长率每提高1个百分点，东部地区居民人均消费支出的增长率会提高20.8%到27.5%。

（3）农村居民人均可支配收入对东部地区居民消费的影响

农村居民人均可支配收入对东部地区居民消费的影响为正，预算内财政收入分权模型、预算内财政支出分权模型、缩减经济规模的预算内财政收入分权模型的回归结果在10%的水平上显著，回归系数分别为0.108、0.127和0.112。这表示农村居民人均可支配收入的增长率每提高1个百分点，东部地区居民人均消费支出的增长率会提高10.8%到12.7%。缩减经济规模的预算内财政支出分权模型的回归结果在5%的水平上显著为正，回归系数是0.154。这意味着农村居民人均可支配收入的增长率每提高1个百分点，东部地区居民人均消费支出的增长率会提高15.4%。

（4）少年儿童抚养比对东部地区居民消费的影响

在预算内财政收入分权模型和缩减经济规模的预算内财政收入分权模型中，少年儿童抚养比对东部地区居民消费的影响为正，但是回归结果不显著；在预算内财政支出分权模型中，少年儿童抚养比对东部地区居民消费的影响为负，回归结果在10%的水平上显著，系数为-0.848；在缩减经济规模的预算内财政支出分权模型中，少年儿童抚养比对东部地区居民消费的影响为负，回归结果在5%的水平上显著，系数为-1.216。

（5）老年人口抚养比对东部地区居民消费的影响

老年人口抚养比对东部地区居民消费的影响为正值，但回归结果不显著。

（6）人均民生财政支出对东部地区居民消费的影响

在所有财政分权模型中，人均民生财政支出对东部地区居民消费的影响为负值，但回归结果不显著。

（7）金融危机对东部地区居民消费的影响

在所有财政分权模型中，金融危机对东部地区居民消费的影响都为正，但是回归结果不显著。

（8）2002年所得税收入分享改革对东部地区居民消费的影响

在所有财政分权模型中，2002年所得税收入分享改革对东部地区居民消费的影响为负，但是回归结果不显著。

（9）营改增试点对东部地区居民消费的影响

在预算内财政收入分权模型中，营改增试点对东部地区居民消费的影响为负值，结果在10%的水平上显著；在预算内财政支出分权模型、缩减经济规模的预算内财政收入分权模型和缩减经济规模的预算内财政支出分权模型中，营改增试点对东部地区居民消费的影响为负值，结果在5%的水平上显著。

（10）取消农业税对东部地区居民消费的影响

在所有财政分权模型中，取消农业税对东部地区居民消费的影响为负值，但是回归结果不显著。

（11）新型农村社会养老保险对东部地区居民消费的影响

在所有财政分权模型中，新型农村社会养老保险对东部地区居民消费的影响为负值，但是回归结果不显著。

（12）新型农村合作医疗对东部地区居民消费的影响

在预算内财政支出分权模型和缩减经济规模的预算内财政支出分权模型中，新型农村合作医疗对东部地区居民消费的影响都为负值，回归结果都在5%的水平上显著；在预算内财政收入分权和缩减经济规模的预算内财政收入分权模型中，新型农村合作医疗对东部地区居民消费的影响也都为负值，但是回归结果不显著。

6.1.2.3　大国预算内外财政分权模型的回归结果与分析

根据表6-4给出的预算内外财政分权对东部地区居民消费影响的回归结果，我们可以很清楚地看到各解释变量对被解释变量的影响。

表6-4　　大国预算内外财政分权与东部居民消费关系的回归结果

（混合效应模型）

VARIABLES	（5）	（6）	（7）	（8）
	nwfd_r	nwfd_e	snwfd_r	snwfd_e
	1.668***	2.043***	1.557***	0.636
	（6.703）	（3.437）	（5.872）	（1.161）
lncrjsr	0.221***	0.242***	0.243***	0.275***
	（3.560）	（3.668）	（3.869）	（4.146）
lnurjsr	0.123*	0.125*	0.125*	0.155**
	（1.925）	（1.816）	（1.924）	（2.218）
burchi	0.115	−0.640	0.110	−1.173**
	（0.244）	（−1.288）	（0.222）	（−2.224）
burold	0.490	0.00980	0.397	0.0511
	（0.767）	（0.0145）	（0.611）	（0.0743）
lnrjmscz	0.00650	−0.0134	0.00164	0.000834
	（0.273）	（−0.514）	（0.0676）	（0.0309）
$dump_1$	0.0353	0.0337	0.0400	0.0591
	（0.502）	（0.451）	（0.560）	（0.778）
$dump_2$	−0.0385	−0.108	−0.0426	−0.187
	（−0.275）	（−0.724）	（−0.298）	（−1.228）
$dump_3$	−0.194*	−0.230**	−0.214**	−0.257**
	（−1.808）	（−2.106）	（−1.981）	（−2.328）
$dump_4$	−0.0214	−0.134	−0.0481	−0.172
	（−0.192）	（−1.218）	（−0.424）	（−1.540）
$dump_5$	−0.0275	−0.163	−0.0502	−0.155
	（−0.227）	（−1.347）	（−0.408）	（−1.263）

续表

VARIABLES	（5）	（6）	（7）	（8）
	nwfd_r	nwfd_e	snwfd_r	snwfd_e
dump₆	−0.0670	−0.258*	−0.0877	−0.288*
	（−0.477）	（−1.788）	（−0.613）	（−1.960）
Constant	3.857***	3.578***	3.812***	4.290***
	（8.304）	（6.226）	（7.955）	（7.171）
Observations	280	280	280	280

t-statistics in parentheses

*** p<0.01，** p<0.05，* p<0.1

（1）预算内外财政分权对东部地区居民消费的影响

预算内外财政收入分权、预算内外财政支出分权和缩减经济规模的预算内外财政收入分权都对东部地区居民消费的影响在1%的水平上显著为正，回归系数分别为1.668、2.043和1.557。这意味着预算内外财政收入分权每提高1个百分点，东部地区居民人均消费支出的增长率就会提高166.8%；预算内外财政支出分权每提高1个百分点，东部地区居民人均消费支出的增长率就会提高204.3%；缩减经济规模的预算内外财政收入分权每提高1个百分点，东部地区居民人均消费支出的增长率就会提高155.7%。在缩减经济规模的预算内外财政支出分权模型中，缩减经济规模的预算内外财政支出分权对东部地区居民消费的影响系数为0.636，但结果并不显著。

（2）城镇居民人均可支配收入对东部地区居民消费的影响

在预算内外财政收入分权模型、预算内外财政支出分权模型、缩减经济规模的预算内外财政收入分权模型和缩减经济规模的预算内外财政支出分权模型中，城镇居民人均消费支出对东部地区居民消费的影响均在1%的水平上显著，回归系数分别为0.221、0.242、

0.243和0.275。这意味着城镇居民人均消费支出的增长率每提高1个百分点，东部地区居民人均消费支出的增长率会提高22.1%~27.5%。

（3）农村居民人均可支配收入对东部地区居民消费的影响

在预算内外财政收入分权模型、预算内外财政支出分权模型和缩减经济规模的预算内外财政收入分权模型中，农村居民人均可支配收入对东部地区居民消费的影响均在10%的水平上显著为正值，回归系数分别为0.123、0.125和0.125。这意味着农村居民人均可支配收入的增长率每增加1个百分点，东部地区居民人均消费支出的增长率会提高12.3%~12.5%。在缩减经济规模的预算内外财政支出分权模型中，农村居民人均可支配收入对东部地区居民消费的影响在5%的水平上显著为正值，回归系数为0.155。这意味着农村居民人均可支配收入的增长率每增加1个百分点，东部地区居民人均消费支出的增长率会提高15.5%。

（4）少年儿童抚养比对东部地区居民消费的影响

在预算内外财政收入分权模型和缩减经济规模的预算内外财政收入分权模型中，少年儿童抚养比对东部地区居民消费的影响为正，但回归结果不显著；在预算内外财政支出分权模型中，少年儿童抚养比对东部地区居民消费的影响系数为−0.640，但结果不显著。在缩减经济规模的预算内外财政支出分权模型中的影响系数在5%的水平上显著为负值，系数为−1.173。

（5）老年人口抚养比对东部地区居民消费的影响

在所有的预算内外财政分权模型中，老年人口抚养比对东部地区居民消费的影响为正值，但是回归结果不显著。

（6）人均民生财政支出对东部地区居民消费的影响

在预算内外财政收入分权模型、缩减经济规模的预算内外财政收入分权模型和缩减经济规模的预算内外财政支出分权模型中，人均民生财政支出对东部地区居民消费的影响均为正，但结果不显著；在预算内外财政支出分权模型中，人均民生财政支出对东部地区居民消费的影响为负，但结果不显著。

（7）金融危机对东部地区居民消费的影响

在所有的预算内外财政分权模型中，金融危机对东部地区居民消费的影响均为正，但回归结果不显著。

（8）2002年所得税收入分享改革对东部地区居民消费的影响

所有预算内外财政分权模型中，2002年所得税收入分享改革对东部地区居民消费的影响都为负值，但回归结果不显著。

（9）营改增试点对东部地区居民消费的影响

在预算内外财政支出分权模型、缩减经济规模的预算内外财政收入分权模型和缩减经济规模的预算内外财政支出分权模型中，营改增试点对东部地区居民消费的影响为负，回归结果在5%的水平上显著，系数分别为-0.230、-0.214和-0.257。在预算内外财政收入分权模型中，营改增试点对东部地区居民消费的影响在10%的水平上显著为负，回归系数为-0.194。

（10）取消农业税对东部地区居民消费的影响

在所有预算内外财政分权模型中，取消农业税对东部地区居民消费的影响为负，但回归结果不显著。

（11）新型农村社会养老保险对东部地区居民消费的影响

在所有预算内外财政分权模型中，新型农村社会养老保险对东部地区居民消费的影响为负值，但是回归结果不显著。

（12）新型农村合作医疗对东部地区居民消费的影响

在预算内外财政支出分权模型和缩减经济规模的预算内外财政支出分权模型中，新型农村合作医疗对东部地区居民消费的影响都在10%的水平上显著为负值，系数分别为-0.258和-0.288。在预算内外财政收入分权模型和缩减经济规模的预算内外财政收入分权模型中，新型农村合作医疗对东部地区居民消费的影响都为负值，但是回归结果全都不显著。

6.1.3　小　结

大国财政分权对东部地区居民消费影响的实证研究结果表明，

除了缩减经济规模的预算内财政支出分权模型和缩减经济规模的预算内外财政支出分权模型对东部地区居民消费的影响不显著外，其他模型对东部地区居民消费的影响都在1%的水平上显著为正，而且大部分财政支出分权的系数都明显小于财政收入分权的系数，这说明财政支出分权对东部地区居民消费的影响程度要小于财政收入分权对东部地区居民消费的影响程度。城镇居民人均可支配收入对东部地区居民消费的影响在所有模型中都在1%的水平上显著为正，农村居民人均可支配收入对东部地区居民消费的影响在所有模型中也都显著为正。在所有财政支出模型中，新型农村合作医疗对东部地区居民消费的影响都显著为负值。其余解释变量对东部地区居民消费影响的回归结果都不太显著。

6.2 大国财政分权对中部地区居民消费的影响研究

6.2.1 变量的描述性统计

中部地区主要包括山西、吉林、黑龙江、安徽、江西、河南、湖北、湖南等8个省，我们对中部8省的面板数据作了变量的描述性统计（见表6-5）。居民人均消费支出的平均值是2 247元，标准差是477.2元，最小值是904元，最大值是3 254元；预算内财政收入分权的平均值是0.401，标准差为0.0676，最小值是0.273，最大值是0.596；预算内财政支出分权的平均值是0.749，标准差是0.0984，最小值为0.519，最大值是0.875；缩减经济规模的预算内财政收入分权的平均值为0.389，标准差是0.0651，最小值是0.265，最大值为0.584；缩减经济规模的预算内财政支出分权的平均值是0.726，标准差为0.095，最小值是0.518，最大值为0.863；预算内外财政收入分权的平均值是0.451，标准差为0.0678，最小值为0.322，最大值为0.659；预算内外财政支出分权的平均值是0.768，标准差为0.079，最小值为0.585，最大值为

0.875；缩减经济规模的预算内外财政收入分权的平均值是0.437，标准差为0.0654，最小值为0.307，最大值为0.640；缩减经济规模的预算内外财政支出分权的平均值是0.745，标准差是0.0762，最小值为0.579，最大值是0.863；城镇居民人均可支配收入的平均值为15 274元，标准差是10 802元，最小值是3 175元，最大值是49 451元；农村居民人均可支配收入的平均值是5 587元，标准差是3 681元，最小值是1 208元，最大值是14 064元；少年儿童抚养比的平均值是0.272，标准差是0.0804，最小值为0.127，最大值是0.478；老年人口抚养比的平均值是0.131，标准差是0.0408，最小值是0.0627，最大值是0.248；人均民生财政支出的平均值是984.5元，标准差是986.1元，最小值是19元，最大值是4 279元。

表6-5　　大国财政分权影响中部地区居民消费的变量描述性统计

VARIABLES	（1）N	（2）mean	（3）sd	（4）min	（5）max
rjxf	224	2 247	477.2	904	3 254
fd_r	224	0.401	0.0676	0.273	0.596
fd_e	224	0.749	0.0984	0.519	0.875
sfd_r	224	0.389	0.0651	0.265	0.584
sfd_e	224	0.726	0.0950	0.518	0.863
nwfd_r	224	0.451	0.0678	0.322	0.659
nwfd_e	224	0.768	0.0790	0.585	0.875
snwfd_r	224	0.437	0.0654	0.307	0.640
snwfd_e	224	0.745	0.0762	0.579	0.863
crjsr	224	15 274	10 802	3 175	49 451
urjsr	224	5 587	3 681	1 208	14 064

续表

VARIABLES	(1) N	(2) mean	(3) sd	(4) min	(5) max
burchi	224	0.272	0.0804	0.127	0.478
burold	224	0.131	0.0408	0.0627	0.248
rjmscz	224	984.5	986.1	19	4 279
dump$_1$	224	0.143	0.351	0	1
dump$_2$	224	0.750	0.434	0	1
dump$_3$	224	0.393	0.489	0	1
dump$_4$	224	0.607	0.489	0	1
dump$_5$	224	0.464	0.500	0	1
dump$_6$	224	0.714	0.453	0	1

6.2.2 回归结果与分析

6.2.2.1 单位根检验

根据表6-6所给出的LLC面板单位根检验结果,我们看到中部8省1995—2022年的面板数据基本上是平稳的,直接对取过自然对数的数据序列进行回归,不会出现伪回归的情况。

表6-6　　　　　　　　LLC面板单位根检验结果

VARIABLES	level intercept	level intercept+trend	1st-diff intercept	1st-diff intercept+trend
lnrjxf	−0.22520***	−0.38684***	−1.09213***	−1.15626***
	(−5.10)	(−6.78)	(−15.79)	(−16.85)
fd_r	−0.03897	−0.26429***	−0.92450***	−0.93649***
	(−1.50)	(−5.44)	(−12.92)	(−13.13)

VARIABLES	level	level	1st-diff	1st-diff
	intercept	intercept+trend	intercept	intercept+trend
fd_e	−0.05244**	−0.23108***	−0.97068***	−0.98044***
	(−2.40)	(−5.46)	(−14.36)	(−14.45)
sfd_r	−0.04070	−0.26433***	−0.90958***	−0.92075***
	(−1.55)	(−5.47)	(−12.74)	(−12.93)
sfd_e	−0.07622***	−0.25465***	−0.94542***	−0.95303***
	(−3.01)	(−5.71)	(−13.99)	(−14.03)
nwfd_r	−0.06644**	−0.28415***	−0.99857***	−1.01175***
	(−2.21)	(−5.74)	(−14.29)	(−14.55)
nwfd_e	−0.08273***	−0.27367***	−1.03729***	−1.05272***
	(−3.23)	(−6.06)	(−15.64)	(−15.87)
snwfd_r	−0.06752**	−0.28507***	−0.98610***	−0.99898***
	(−2.22)	(−5.78)	(−14.12)	(−14.36)
snwfd_e	−0.12687***	−0.31683***	−1.01691***	−1.03132***
	(−4.14)	(−6.60)	(−15.27)	(−15.50)
lncrjsr	−0.41757***	−0.58733***	−1.17992***	−1.18715***
	(−7.24)	(−9.57)	(−17.26)	(−17.38)
lnurjsr	−0.78049***	−0.84811***	−1.32247***	−1.32402***
	(−10.77)	(−11.76)	(−20.90)	(−20.99)
burchi	−0.36494***	−0.57584***	−1.40629***	−1.41524***
	(−6.98)	(−9.64)	(−27.43)	(−28.43)
burold	−0.22492***	−0.52412***	−1.25720***	−1.27530***
	(−4.77)	(−8.25)	(−18.71)	(−19.19)
lnrjmscz	−0.71329***	−0.84335***	−1.32461***	−1.32485***
	(−10.98)	(−12.49)	(−19.81)	(−19.83)

t-statistics in parentheses

*** p<0.01， ** p<0.05， * p<0.1

6.2.2.2 大国预算内财政分权模型的回归结果与分析

根据表6-7所给出的大国预算内财政分权对中部地区居民消费影响的回归结果，我们可以很清晰地看到各解释变量对被解释变量的影响程度。

表6-7 大国预算内财政分权与中部居民消费关系的回归结果
（混合效应模型）

VARIABLES	（1）	（2）	（3）	（4）
	fd_r	fd_e	sfd_r	sfd_e
	0.768	1.356**	0.656	0.789
	(1.531)	(1.948)	(1.235)	(1.053)
lncrjsr	0.295***	0.316***	0.296***	0.308***
	(3.993)	(4.195)	(3.970)	(3.938)
lnurjsr	0.0529	0.0653	0.0495	0.0519
	(0.658)	(0.808)	(0.615)	(0.641)
burchi	−1.806***	−1.450***	−1.801***	−1.596***
	(−4.114)	(−2.977)	(−4.079)	(−3.112)
burold	−1.567	−1.719*	−1.657*	−1.882**
	(−1.631)	(−1.863)	(−1.722)	(−2.033)
lnrjmscz	−0.0765	−0.0952*	−0.0717	−0.0753
	(−1.424)	(−1.709)	(−1.333)	(−1.346)
$dump_1$	0.0150	−0.00351	0.0181	0.0123
	(0.190)	(−0.0438)	(0.228)	(0.153)
$dump_2$	−0.0860	−0.112	−0.0972	−0.128
	(−0.587)	(−0.786)	(−0.662)	(−0.898)
$dump_3$	−0.193*	−0.184*	−0.185	−0.166
	(−1.707)	(−1.694)	(−1.615)	(−1.497)

续表

VARIABLES	（1）	（2）	（3）	（4）
	fd_r	fd_e	sfd_r	sfd_e
dump$_4$	0.145	0.0893	0.142	0.108
	（1.351）	（0.824）	（1.326）	（0.984）
dump$_5$	−0.213	−0.295**	−0.207	−0.243*
	（−1.644）	（−2.098）	（−1.594）	（−1.713）
dump$_6$	0.189	0.173	0.188	0.177
	（1.334）	（1.220）	（1.324）	（1.246）
Constant	5.471***	4.606***	5.530***	5.138***
	（6.731）	（4.511）	（6.685）	（4.712）
Observations	224	224	224	224

t-statistics in parentheses

*** p<0.01， ** p<0.05， * p<0.1

（1）预算内财政分权对中部地区居民消费的影响

除了预算内财政支出分权对中部地区居民消费的影响在10%的水平上显著为正且系数为1.356外，其他预算内财政分权指标对中部地区居民消费的影响均不显著。

（2）城镇居民人均可支配收入对中部地区居民消费的影响

在所有预算内财政分权模型中，城镇居民人均可支配收入对中部地区居民消费的影响都在1%的水平上显著为正值，系数分别为0.295、0.316、0.296和0.308。

（3）农村居民人均可支配收入对中部地区居民消费的影响

在所有预算内财政分权模型中，农村居民人均可支配收入对中部地区居民消费的影响为正，但结果不显著。

（4）少年儿童抚养比对中部地区居民消费的影响

在预算内财政收入分权模型、预算内财政支出分权模型、缩减经济规模的预算内财政收入分权模型和缩减经济规模的预算内财政支出分权模型中，少年儿童抚养比对中部地区居民消费的影响均在1%的水平上显著为负值，且回归系数分别为-1.806、-1.450、-1.801和-1.596，即少年儿童抚养比的增长率每提高1个百分点，中部地区居民人均消费支出的增长率就会下降145%~180.6%。

（5）老年人口抚养比对中部地区居民消费的影响

在所有预算内财政分权模型中，老年人口抚养比对中部地区居民消费的影响都为负值，除了预算内财政收入分权模型中的结果不显著以外，其他模型中的结果都是显著的。

（6）人均民生财政支出对中部地区居民消费的影响

在所有预算内财政分权模型中，除了在预算内财政支出分权模型中人均民生财政支出对中部地区居民消费的影响在10%的水平上显著为负外，其余模型均不显著。这表示在预算内财政支出分权模型中，人均民生财政支出的增长率每提高1个百分点，中部地区居民人均消费支出的增长率会降低9.52%。

（7）金融危机对中部地区居民消费的影响

在所有预算内财政分权模型中，除了预算内财政支出分权模型中金融危机对中部地区居民消费的影响都为负值外，其余模型结果都为正值，但结果都不显著。

（8）2002年所得税收入分享改革对中部地区居民消费的影响

在所有预算内财政分权模型中，2002年所得税收入分享改革对中部地区居民消费的影响为负，但是结果不显著。

（9）营改增试点对中部地区居民消费的影响

在预算内财政收入分权模型和预算内财政支出分权模型中，营改增试点对中部地区居民消费的影响都在10%的水平上显著为负值，系数分别为-0.193和-0.184，其余模型的回归结果也为负值，但都不显著。

（10）取消农业税对中部地区居民消费的影响

在所有预算内财政分权模型中，取消农业税对中部地区居民消费的影响都为正值，但结果都不显著。

（11）新型农村社会养老保险对中部地区居民消费的影响

在预算内财政支出分权模型中，新型农村社会养老保险对中部地区居民消费的影响在5%的水平上显著为负值，系数为-0.295。在缩减经济规模的预算内财政支出分权模型中，新型农村社会养老保险对中部地区居民消费的影响在10%的水平上显著为负值，系数为-0.243。其他模型中的回归系数都为负值，但回归结果都不显著。

（12）新型农村合作医疗对中部地区居民消费的影响

在所有预算内财政分权模型中，新型农村合作医疗对中部地区居民消费的影响都为正值，但是回归结果并不显著。

6.2.2.3　大国预算内外财政分权模型的回归结果与分析

由于所有预算内外财政分权的指标对中部地区居民消费影响的回归结果都不显著，因此我们没有在研究报告中详细说明回归结果，仅展示表6-8。

表6-8　　大国预算内外财政分权与中部居民消费关系的回归结果
（混合效应模型）

VARIABLES	（1） nwfd_r	（6） nwfd_e	（7） snwfd_r	（8） snwfd_e
	0.00334	0.434	−0.196	−0.529
	（0.00670）	（0.531）	（−0.368）	（−0.606）
lncrjsr	0.280***	0.289***	0.276***	0.264***
	（3.773）	（3.826）	（3.694）	（3.389）
lnurjsr	0.0403	0.0434	0.0386	0.0384
	（0.500）	（0.538）	（0.480）	（0.477）
burchi	−1.877***	−1.757***	−1.898***	−2.047***
	（−4.261）	（−3.561）	（−4.293）	（−3.936）

续表

VARIABLES	(1)	(6)	(7)	(8)
	nwfd_r	nwfd_e	snwfd_r	snwfd_e
burold	−2.030**	−1.947**	−2.136**	−2.113**
	(−2.114)	(−2.093)	(−2.226)	(−2.282)
lnrjmscz	−0.0523	−0.0636	−0.0477	−0.0396
	(−0.984)	(−1.139)	(−0.899)	(−0.713)
$dump_1$	0.0275	0.0107	0.0328	0.0461
	(0.342)	(0.125)	(0.407)	(0.543)
$dump_2$	−0.143	−0.129	−0.159	−0.157
	(−0.953)	(−0.892)	(−1.067)	(−1.087)
$dump_3$	−0.131	−0.144	−0.118	−0.111
	(−1.180)	(−1.323)	(−1.052)	(−1.004)
$dump_4$	0.131	0.124	0.122	0.138
	(1.192)	(1.148)	(1.112)	(1.279)
$dump_5$	−0.179	−0.211	−0.177	−0.142
	(−1.391)	(−1.487)	(−1.375)	(−0.996)
$dump_6$	0.181	0.182	0.177	0.180
	(1.268)	(1.273)	(1.239)	(1.266)
Constant	5.973***	5.577***	6.121***	6.490***
	(7.199)	(5.273)	(7.245)	(5.741)
Observations	224	224	224	224

t-statistics in parentheses

*** p<0.01, ** p<0.05, * p<0.1

6.2.3　小　结

所有指标中只有预算内财政支出分权对中部地区居民消费的影响在 10% 的水平上显著为正，其余指标结果不显著。在所有财政分权模型中，城镇居民人均可支配收入对中部地区居民消费的影响都在 1% 的水平上显著为正；农村居民人均可支配收入对中部地区居民消费的影响都为正，但结果不显著。在所有分权指标中，少年儿童抚养比对中部地区居民消费的影响都在 1% 的水平上显著为负；老年人口抚养比对中部地区居民消费的影响都为负，但除了在预算内财政收入分权模型中不显著外，在其他模型中都显著为负；在所有指标中，人均民生财政支出对中部地区居民消费的影响都为负，但除了在预算内财政支出分权模型中在 10% 的水平上显著外，在其余模型中均不显著。在所有模型中，营改增试点对中部地区居民消费的影响都为负，但只在预算内财政收入分权模型和预算内财政支出分权模型中在 10% 的水平上显著，在其余模型中均不显著；新型农村社会养老保险对中部地区居民消费的影响都为负，但除了在预算内财政支出分权模型中在 5% 的水平上显著和在缩减经济规模的预算内财政支出分权模型中在 10% 的水平上显著外，在其余模型中均不显著。其余变量在所有模型中均不显著。

6.3　大国财政分权对西部地区居民消费的影响研究

6.3.1　变量的描述性统计

西部地区我们主要选取了贵州、云南、陕西、甘肃、青海、宁夏、新疆、广西、内蒙古等 9 个省级行政区。我们首先对西部 9 个省级行政区 1995—2022 年的面板数据进行变量的描述性统计，具体结果见表 6-9。西部地区居民人均消费支出的平均值是 2 237

元，标准差是 535.7 元，最小值是 1 069 元，最大值是 4 116 元；预算内财政收入分权的平均值是 0.411，标准差为 0.0822，最小值是 0.255，最大值是 0.636；预算内财政支出分权的平均值是 0.796，标准差是 0.0931，最小值是 0.552，最大值为 0.936；缩减经济规模的预算内财政收入分权的平均值是 0.405，标准差是 0.0802，最小值是 0.253，最大值是 0.624；缩减经济规模的预算内财政支出分权的平均值是 0.785，标准差是 0.0927，最小值是 0.544，最大值是 0.933；预算内外财政收入分权的平均值是 0.454，标准差为 0.076，最小值是 0.309，最大值是 0.636；预算内外财政支出分权的平均值是 0.805，标准差是 0.0829，最小值为 0.577，最大值是 0.936；缩减经济规模的预算内外财政收入分权的平均值是 0.448，标准差是 0.0742，最小值是 0.306，最大值是 0.624；缩减经济规模的预算内外财政支出分权的平均值是 0.794，标准差为 0.0826，最小值是 0.572，最大值是 0.933；城镇居民人均可支配收入的平均值是 13 010 元，标准差是 7 816 元，最小值是 2 846 元，最大值是 30 646 元；农村居民人均可支配收入的平均值是 4 348 元，标准差是 3 211 元，最小值是 880 元，最大值是 13 162 元；少年儿童抚养比的平均值是 0.319，标准差是 0.0774，最小值是 0.165，最大值是 0.506；老年人口抚养比的平均值是 0.112，标准差是 0.0319，最小值是 0.0525，最大值是 0.214；人均民生财政支出的平均值是 1 151 元，标准差是 1 148 元，最小值是 25 元，最大值是 4 770 元。

6.3.2 回归结果与分析

6.3.2.1 单位根检验

根据表 6-10 所给出的 LLC 面板单位根检验结果，我们发现西部 9 个省级行政区 1995—2022 年的数据序列基本平稳，因此可以直接进行回归，而不用担心结论的科学性。

表6-9　大国财政分权影响西部地区居民消费的变量描述性统计

VARIABLES	（1）N	（2）mean	（3）sd	（4）min	（5）max
rjxf	252	2 237	535.7	1 069	4 116
fd_r	252	0.411	0.0822	0.255	0.636
fd_e	252	0.796	0.0931	0.552	0.936
sfd_r	252	0.405	0.0802	0.253	0.624
sfd_e	252	0.785	0.0927	0.544	0.933
nwfd_r	252	0.454	0.0760	0.309	0.636
nwfd_e	252	0.805	0.0829	0.577	0.936
snwfd_r	252	0.448	0.0742	0.306	0.624
snwfd_e	252	0.794	0.0826	0.572	0.933
crjsr	252	13 010	7 816	2 846	30 646
urjsr	252	4 348	3 211	880	13 162
burchi	252	0.319	0.0774	0.165	0.506
burold	252	0.112	0.0319	0.0525	0.214
rjmscz	252	1 151	1 148	25	4 770
$dump_1$	252	0.143	0.351	0	1
$dump_2$	252	0.750	0.434	0	1
$dump_3$	252	0.393	0.489	0	1
$dump_4$	252	0.607	0.489	0	1
$dump_5$	252	0.464	0.500	0	1
$dump_6$	252	0.714	0.453	0	1

表6-10 　　　　　　　　　LLC面板单位根检验结果

VARIABLES	level intercept	level intercept+trend	1st-diff intercept	1st-diff intercept+trend
lnrjxf	−0.21436***	−0.41722***	−1.14301***	−1.14887***
	(−5.29)	(−8.08)	(−18.46)	(−18.63)
fd_r	−0.08352***	−0.27433***	−0.90241***	−0.91039***
	(−3.41)	(−6.13)	(−13.40)	(−13.39)
fd_e	−0.09215***	−0.22545***	−0.94343***	−0.99886***
	(−4.44)	(−6.60)	(−14.66)	(−15.32)
sfd_r	−0.08272***	−0.27556***	−0.90402***	−0.91186***
	(−3.37)	(−6.15)	(−13.42)	(−13.41)
sfd_e	−0.09553***	−0.23499***	−0.95342***	−1.00405***
	(−4.49)	(−6.74)	(−14.83)	(−15.44)
nwfd_r	−0.08601***	−0.26181***	−0.93411***	−0.94662***
	(−3.62)	(−6.00)	(−13.75)	(−13.80)
nwfd_e	−0.11342***	−0.21064***	−0.97754***	−1.05203***
	(−5.11)	(−6.29)	(−15.47)	(−16.62)
snwfd_r	−0.08633***	−0.26470***	−0.93792***	−0.95012***
	(−3.60)	(−6.04)	(−13.82)	(−13.87)
snwfd_e	−0.11683***	−0.21942***	−0.98712***	−1.05713***
	(−5.18)	(−6.44)	(−15.65)	(−16.76)
lncrjsr	−0.56939***	−0.60811***	−1.18555***	−1.18849***
	(−9.81)	(−10.38)	(−18.42)	(−18.47)
lnurjsr	−0.48482***	−0.54515***	−1.17555***	−1.18224***
	(−8.80)	(−9.77)	(−18.23)	(−18.35)

续表

VARIABLES	level	level	1st-diff	1st-diff
	intercept	intercept+trend	intercept	intercept+trend
burchi	−0.31709***	−0.44765***	−1.26227***	−1.29490***
	（−7.41）	（−9.28）	（−21.76）	（−22.58）
burold	−0.25536***	−0.67888***	−1.33183***	−1.35220***
	（−5.34）	（−10.63）	（−21.73）	（−22.30）
lnrjmscz	−0.66836***	−0.74625***	−1.28624***	−1.29417***
	（−11.25）	（−12.20）	（−21.21）	（−21.51）

t-statistics in parentheses

*** p<0.01， ** p<0.05， * p<0.1

6.3.2.2　大国预算内财政分权模型的回归结果与分析

根据表6-11所给出的大国预算内财政分权对西部地区居民消费影响的回归结果，我们可以很清楚地看到各解释变量对被解释变量的影响程度。

表6-11　**大国预算内财政分权与西部居民消费关系的回归结果**
（**随机效应模型**）

VARIABLES	（1）	（2）	（3）	（4）
	fd_r	fd_e	sfd_r	sfd_e
	1.545***	3.392***	1.555***	3.125***
	（4.452）	（7.232）	（4.368）	（6.638）
lncrjsr	0.0117	0.0855	0.0144	0.0911
	（0.167）	（1.288）	（0.205）	（1.349）
lnurjsr	−0.0322	−0.00600	−0.0312	−0.000964
	（−0.501）	（−0.100）	（−0.484）	（−0.0159）

续表

VARIABLES	（1）	（2）	（3）	（4）
	fd_r	fd_e	sfd_r	sfd_e
burchi	0.381	−0.107	0.326	−0.307
	（0.837）	（−0.272）	（0.721）	（−0.774）
burold	−1.675*	0.455	−1.594*	0.496
	（−1.784）	（0.472）	（−1.683）	（0.496）
lnrjmscz	0.00673	−0.151***	0.00298	−0.152***
	（0.173）	（−3.576）	（0.0766）	（−3.470）
$dump_1$	0.0611	0.0177	0.0615	0.0256
	（0.887）	（0.270）	（0.891）	（0.385）
$dump_2$	0.141	0.0712	0.139	0.0591
	（1.103）	（0.605）	（1.079）	（0.495）
$dump_3$	−0.0486	−0.0607	−0.0499	−0.0603
	（−0.494）	（−0.658）	（−0.506）	（−0.643）
$dump_4$	0.306***	0.249***	0.307***	0.257***
	（3.185）	（2.745）	（3.191）	（2.798）
$dump_5$	−0.0514	−0.136	−0.0493	−0.116
	（−0.499）	（−1.382）	（−0.479）	（−1.166）
$dump_6$	0.242*	0.185	0.241*	0.185
	（1.959）	（1.587）	（1.946）	（1.564）
Constant	6.901***	5.023***	6.906***	5.236***
	（10.31）	（7.122）	（10.30）	（7.352）
Observations	252	252	252	252

t-statistics in parentheses

*** p<0.01，** p<0.05，* p<0.1

（1）预算内财政分权对西部地区居民消费的影响

所有预算内财政分权指标对西部地区居民消费的影响都在1%的水平上显著为正，而且财政支出分权对西部地区居民消费的影响程度要远远高于财政收入分权对西部地区居民消费的影响程度。

（2）城镇居民人均可支配收入对西部地区居民消费的影响

在所有预算内财政分权模型中，城镇居民人均可支配收入对西部地区居民消费的影响都为正值，但结果都不显著。

（3）农村居民人均可支配收入对西部地区居民消费的影响

在所有预算内财政分权模型中，农村居民人均可支配收入对西部地区居民消费的影响都为负值，但回归结果都不显著。

（4）少年儿童抚养比对西部地区居民消费的影响

在所有预算内财政分权模型中，少年儿童抚养比对西部地区居民消费的影响都不显著。

（5）老年人口抚养比对西部地区居民消费的影响

在预算内财政收入分权和缩减经济规模的预算内财政收入分权模型中，老年人口抚养比对西部地区居民消费的影响都在10%的水平上显著为负。在其他模型中，老年人口抚养比对西部地区居民消费的影响都为正，回归结果却都不显著。

（6）人均民生财政支出对西部地区居民消费的影响

预算内财政支出分权模型和缩减经济规模的预算内财政支出分权模型中，人均民生财政支出对西部地区居民消费的影响都在1%的水平上显著为负，回归系数分别为−0.151和−0.152。这意味着人均民生财政支出的增长率每提高1个百分点，西部地区居民人均消费支出的增长率就会降低15.1%或者15.2%。预算内财政支出分权模型和缩减经济规模的预算内财政支出分权模型中的结果为正值，但是回归结果不显著。

（7）金融危机对西部地区居民消费的影响

在所有预算内财政分权模型中，金融危机对西部地区居民消费的影响都为正值，但是回归结果不显著。

（8）2002年所得税收入分享改革对西部地区居民消费的影响

在所有预算内财政分权模型中，2002年所得税收入分享改革对西部地区居民消费的影响都为正值，但结果都不显著。

（9）营改增试点对西部地区居民消费的影响

在所有预算内财政分权模型中，营改增试点对西部地区居民消费的影响都为负值，但结果都不显著。

（10）取消农业税对西部地区居民消费的影响

在所有预算内财政分权模型中，取消农业税对西部地区居民消费的影响都在1%的水平上显著为正。预算内财政收入分权模型和缩减经济规模的预算内财政收入分权模型中的回归系数分别是0.306和0.307，这意味着取消农业税使西部地区居民人均消费支出的增长率提高了30.6%或30.7%；预算内财政支出分权模型和缩减经济规模的预算内财政支出分权模型中的回归系数分别为0.249和0.257，表示取消农业税可使西部地区居民人均消费支出的增长率提高24.9%或者25.7%。

（11）新型农村社会养老保险对西部地区居民消费的影响

在所有预算内财政分权模型中，新型农村社会养老保险对西部地区居民消费的影响都为负，但回归结果都不显著。

（12）新型农村合作医疗对西部地区居民消费的影响

在预算内财政收入分权和缩减经济规模的预算内财政收入分权模型中，新型农村合作医疗对西部地区居民消费的影响在10%的水平上显著为正值，其他模型中的影响系数都为正值，但是所有的回归结果都不显著。

6.3.2.3　大国预算内外财政分权模型的回归结果与分析

大国预算内外财政分权与西部居民消费关系的回归结果（随机效应模型）参见表6-12。

表6-12　　大国预算内外财政分权与西部居民消费关系的回归结果
（随机效应模型）

VARIABLES	（5）nwfd_r	（6）nwfd_e	（7）snwfd_r	（8）snwfd_e
	1.415***	3.744***	1.418***	3.391***
	（4.245）	（7.229）	（4.146）	（6.545）
lncrjsr	0.0248	0.0698	0.0276	0.0774
	（0.353）	（1.055）	（0.392）	（1.148）
lnurjsr	−0.0262	−0.0151	−0.0250	−0.00834
	（−0.407）	（−0.251）	（−0.387）	（−0.137）
burchi	0.291	−0.0476	0.234	−0.275
	（0.646）	（−0.121）	（0.521）	（−0.692）
burold	−1.798*	0.460	−1.721*	0.483
	（−1.918）	（0.477）	（−1.819）	（0.481）
lnrjmscz	0.0166	−0.145***	0.0126	−0.145***
	（0.425）	（−3.454）	（0.322）	（−3.338）
dump$_1$	0.0528	−0.0340	0.0534	−0.0193
	（0.759）	（−0.507）	（0.767）	（−0.284）
dump$_2$	0.127	0.0737	0.124	0.0597
	（0.994）	（0.626）	（0.968）	（0.499）
dump$_3$	−0.0289	−0.0492	−0.0302	−0.0496
	（−0.294）	（−0.534）	（−0.307）	（−0.529）
dump$_4$	0.325***	0.273***	0.326***	0.280***
	（3.357）	（3.022）	（3.358）	（3.047）
dump$_5$	−0.0185	−0.156	−0.0166	−0.132
	（−0.180）	（−1.582）	（−0.161）	（−1.313）

续表

VARIABLES	(5)	(6)	(7)	(8)
	nwfd_r	nwfd_e	snwfd_r	snwfd_e
$dump_6$	0.253**	0.201*	0.252**	0.200*
	(2.042)	(1.725)	(2.027)	(1.685)
Constant	6.673***	4.849***	6.683***	5.116***
	(9.737)	(6.761)	(9.729)	(7.060)
Observations	252	252	252	252

t-statistics in parentheses

*** p<0.01， ** p<0.05， * p<0.1

（1）预算内外财政分权对西部地区居民消费的影响

所有的预算内外财政分权指标对西部地区居民消费的影响都在1%的水平上显著为正。预算内外财政收入分权和缩减经济规模的预算内外财政收入分权对西部地区居民消费影响的回归系数分别为1.415和1.418，预算内外财政支出分权和缩减经济规模的预算内外财政支出分权对西部地区居民消费的回归系数分别为3.744和3.391。我们可以很清楚地看到，财政支出分权的影响系数要远远大于财政收入分权的影响系数。

（2）城镇居民人均消费支出对西部地区居民消费的影响

在所有预算内外财政分权模型中，城镇居民人均消费支出对西部地区居民消费的影响都为正值，但是回归结果都不显著。

（3）农村居民人均可支配收入对西部地区居民消费的影响

在所有预算内外财政分权模型中，农村居民人均可支配收入对西部地区居民消费的影响系数都为负值，但是回归结果都不显著。

（4）少年儿童抚养比对西部地区居民消费的影响

在预算内外财政收入分权模型和缩减经济规模的预算内外财政收入分权模型中，少年儿童抚养比对西部地区居民消费的影响为正数，但是回归结果不显著。在预算内外财政支出分权模型和缩减经济规模的预算内外财政支出分权模型中，影响系数虽然为负值，但是回归结果不显著。

（5）老年人口抚养比对西部地区居民消费的影响

在预算内外财政收入分权模型和缩减经济规模的预算内外财政收入分权模型中，老年人口抚养比对西部地区居民消费的影响都在10%的水平上显著为负值。在预算内外财政支出分权模型和缩减经济规模的预算内外财政支出分权模型中，老年人口抚养比对西部地区居民消费的影响都为正，但是回归结果都不显著。

（6）人均民生财政支出对西部地区居民消费的影响

在预算内外财政收入分权模型和缩减经济规模的预算内外财政收入分权模型中，人均民生财政支出对西部地区居民消费的影响为正，但均不显著。预算内外财政支出分权模型和缩减经济规模的预算内外财政支出分权模型中的影响系数均在1%的水平上显著为负值。

（7）金融危机对西部地区居民消费的影响

在预算内外财政收入分权和缩减经济规模的预算内外财政收入分权模型中，金融危机对西部地区居民消费的影响都为正，但是回归结果都不显著。预算内外财政支出分权和缩减经济规模的预算内外财政支出分权模型中的影响系数为负值，但是回归结果都不显著。

（8）2002年所得税收入分享改革对西部地区居民消费的影响

在所有预算内外财政分权模型中，2002年所得税收入分享改革对西部地区居民消费的影响都为正值，但是回归结果都不显著。

（9）营改增试点对西部地区居民消费的影响

在所有预算内外财政分权模型中，营改增试点对西部地区居民消费的影响都为负，但是回归结果都不显著。

（10）取消农业税对西部地区居民消费的影响

在所有预算内外财政分权模型中，取消农业税对西部地区居民消费的影响都在 1% 的水平上显著为正。财政收入分权模型中的回归系数分别为 0.325 和 0.326，表示取消农业税使西部地区居民人均消费支出的增长率提高了 32.5% 或 32.6%；财政支出分权中的回归系数分别为 0.273 和 0.280，表示取消农业税使西部地区居民人均消费支出的增长率提高了 27.3% 或 28.0%。

（11）新型农村社会养老保险对西部地区居民消费的影响

在所有预算内外财政分权模型中，新型农村社会养老保险对西部地区居民消费的影响都为负，但回归结果都不显著。

（12）新型农村合作医疗对西部地区居民消费的影响

在预算内外财政收入分权模型和缩减经济规模的预算内外财政收入分权模型中，新型农村合作医疗对西部地区居民消费的影响在 5% 的水平上显著为正；预算内外财政支出分权和缩减经济规模的预算内外财政支出分权模型中的影响在 10% 的水平上显著为正。

6.3.3　小　结

不论是预算内财政分权还是预算内外财政分权，它们对西部地区居民消费的影响都在 1% 的水平上显著为正，且所有财政支出分权对西部地区居民消费的影响都要明显大于财政收入分权对西部地区居民消费的影响；所有模型中的城镇居民人均可支配收入对西部地区居民消费的影响都不显著；所有财政分权模型中的农村居民人均可支配收入对西部地区居民消费的影响都不显著；所有财政收入分权模型中的少年儿童抚养比对西部地区居民消费的影响都为正，但结果不显著；财政支出分权模型中的回归结果都为负，但也不显著。在所有财政收入分权模型中，老年人口抚养比对西部地区居民消费的影响都在 10% 的水平上显著为负；但在所有财政支出分权模型中，老年人口抚养比对西部地区居民消费的影响都为正，但结果不显著。在所有财政收入分权模型中，人均民生财政支出对西部地区居民消费的影响都为正，但结果不显著；在所有财政支出分权模型中，人均民生财政支出对西部地区居民消费的影响都在 1% 的水平上显著为负。在预算内外财政支出分权和缩减经济规模的预算内外财政支出分权模型中，金融危机对西部地区居民消费的影响为负，其他模型中的结果均为正，但所有结果均不显著。2002年所得税收入分享改革对西部地区居民消费的影响均为正值，但回归结果基本上不显著。营改增试点对西部地区居民消费的影响均为负，但结果都不显著。在所有财政分权模型中，取消农业税对西部地区居民消费的影响都在1%的水平上显著为正；新型农村社会养老保险对西部地区居民消费的影响都为负，但结果都不显著；新型农村合作医疗对西部地区居民消费的影响都为正，除了在预算内财政支出分权和缩减经济规模的预算内财政支出分权模型中结果不显著外，其余模型中的结果都在不同程度上显著。

6.4 本章小结

本章分别就大国财政分权对东、中、西部地区居民消费的影响作了实证检验，研究结果表明：

第一，在所有指标中，除了缩减经济规模的预算内财政支出分权模型和缩减经济规模的预算内外财政支出分权对东部地区居民消费的影响不显著为正外，其余模型中的分权指标对东部地区居民消费的影响都在1%的水平上显著为正。预算内财政支出分权对中部地区居民消费的影响显著为正，其余所有分权指标对中部地区居民消费的影响都不显著。所有预算内财政分权和预算内外财政分权对西部地区居民消费的影响都在1%的水平上显著为正。在中部和西部地区，所有财政支出分权的影响系数都大于财政收入分权的影响系数。在东部地区，所有财政支出分权的影响系数都小于财政收入分权的影响系数。就预算内财政收入分权而言，东部和西部地区的影响系数要明显大于中部地区；就预算内财政支出分权而言，西部地区的影响系数要明显大于东部地区，而东部地区的影响系数又要略大于中部地区；就预算内外财政收入分权而言①，东部地区的影响系数要略大于西部地区；就预算内外财政支出分权而言，东部地区的影响系数要明显小于西部地区。由此我们也可以看出，在中央和地方的财政关系上，西部地区是最大的赢家，而中部地区处在一个不利的位置。

第二，城镇居民人均可支配收入对东、中部地区居民消费的影响都在1%的水平上显著为正，而在西部地区不显著为正。农村居民人均可支配收入对东部地区显著为正，对中部地区不显著为正，对西部地区不显著为负。

第三，少年儿童抚养比对东部地区部分显著为负，但是对中部地区居民消费的影响都是显著为负的，对西部地区居民消费的影响都是不显著的。老年人口抚养比对东部地区居民消费的影响都是不显著的；老年人口抚养比对中部地区居民消费的影响除了在预算内财政收入分权模型中不显著为负之外，在其他模型中都是显著为负的；老年人口抚养比对西部地区居民消费的影响在所有财政收入分权模型中都是显著为负的。

第四，人均民生财政支出对东部地区居民消费的影响不显著；在预算内财政支出模型中，人均民生财政支出对中部地区居民消费的影响在10%的水平上显著为负，但是在其他所有财政分权模型中的结果都不显著；在所有财政支出分权模型中，所有的财政分权指标对西部地区居民消费的影响都在1%的水平上显著为负。

第五，在所有财政分权模型中，金融危机对东部地区居民消费的影响都不显著为正；金融危机对中部地区居民消费的影响都不显著；金融危机对西部地区居民消费的影响也都不显著。

第六，在所有财政分权模型中，2002年所得税收入分享改革对东部地区居民消费的影响都不显著，对中部地区居民消费的影响也都不显著，对西部地区居民消费的影响都不显著。

_____

① 由于预算内外财政分权对中部地区居民消费的影响不显著，因此，此处在作比较的时候将中部地区排除在外。

　　第七，营改增试点对东部地区居民消费的影响都显著为负。对中部地区居民消费的影响在预算内财政收入分权模型和预算内财政支出分权模型中显著为负，在其他模型中对中部地区居民消费的影响均不显著。营改增试点对西部地区居民消费的影响都不显著为负。

　　第八，取消农业税对东、中部地区居民消费的影响不显著，但是对西部地区居民消费的影响在1%的水平上显著为正。

　　第九，新型农村社会养老保险对东、西部地区居民消费的影响都不显著，在预算内财政支出分权模型和缩减经济规模的预算内财政支出分权模型中，新型农村社会养老保险对中部地区居民消费的影响显著为负，在其他财政分权模型中新型农村社会养老保险对中部地区居民消费的回归结果都不显著。

　　第十，新型农村合作医疗对东部地区居民消费的影响在所有财政支出分权模型中显著为负，在所有财政收入分权模型中都不显著。新型农村合作医疗对中部地区居民消费的影响都不显著。新型农村合作医疗对西部地区居民消费的影响除了在预算内财政支出分权模型和缩减经济规模的预算内财政支出分权模型中不显著为正外，在其他所有财政分权模型中都显著为正。

第 7 章　大国财政分权对东、中、西部地区城乡居民消费影响的经验研究

中国作为一个大国，区域间经济发展不均衡，各区域内部城乡差别也非常明显，为了更全面地比较大国财政分权对东、中、西部地区居民消费的影响，我们有必要对各区域内部城乡居民消费受财政分权影响的程度进行计量分析。

7.1　大国财政分权对东部地区城乡居民消费的影响研究

东部地区包括北京、天津、河北、辽宁、上海、江苏、浙江、福建、山东、广东、海南等11个省级行政区。考虑到北京、天津、上海是直辖市，城乡差异没有其他省级行政区突出，因此，我们去掉了这3个直辖市的样本；另外，海南经济总量小，也去掉了。因此，我们在东部地区主要选取了8个省级行政区1995—2022年的面板数据进行实证分析。

7.1.1 大国财政分权对东部地区城镇居民消费的影响研究

（1）大国预算内财政分权对东部地区城镇居民消费的影响

根据表7-1所给出的回归结果，我们发现除了缩减经济规模的预算内财政支出分权对东部地区城镇居民消费影响的回归结果不显著外，其余指标都在1%的水平上显著为正；城镇居民人均可支配收入对东部地区城镇居民消费影响的回归结果在1%的水平上显著为正；人均民生财政支出对东部地区城镇居民消费的影响只有在预算内财政支出分权模型中显著为负；少年儿童抚养比、老年人口抚养比、金融危机、2002年所得税收入分享改革、新型农村合作医疗等对东部地区城镇居民消费的影响都不显著。

表7-1　　　　大国预算内财政分权与东部地区城镇居民
消费关系的回归结果

VARIABLES	（1）	（2）	（3）	（4）
	fd_r	fd_e	sfd_r	sfd_e
	3.334***	2.881***	3.553***	1.086
	(9.215)	(4.191)	(8.370)	(1.599)
lncrjsr	0.184***	0.280***	0.230***	0.366***
	(3.297)	(4.382)	(4.108)	(5.887)
burchi	0.505	0.236	0.753	0.197
	(1.020)	(0.415)	(1.466)	(0.329)
burold	0.101	−0.711	−0.172	−0.563
	(0.144)	(−0.878)	(−0.240)	(−0.661)
lnrjmscz	−0.0135	−0.0637**	−0.0173	−0.0398
	(−0.551)	(−2.131)	(−0.684)	(−1.280)
dump$_1$	0.00407	−0.0222	0.00784	−0.0110
	(0.0509)	(−0.241)	(0.0954)	(−0.115)

续表

VARIABLES	（1）	（2）	（3）	（4）
	fd_r	fd_e	sfd_r	sfd_e
dump$_2$	0.00788	−0.0528	0.0237	−0.128
	（0.0494）	（−0.286）	（0.144）	（−0.667）
dump$_6$	0.0328	−0.192	0.0255	−0.111
	（0.208）	（−1.042）	（0.157）	（−0.582）
Constant	4.977***	4.288***	4.534***	4.763***
	（10.85）	（7.358）	（9.450）	（7.309）
Observations	196	196	196	196

t-statistics in parentheses

*** p<0.01，** p<0.05，* p<0.1

（2）大国预算内外财政分权对东部地区城镇居民消费的影响

根据表7-2的回归结果，所有分权模型对东部地区城镇居民消费的影响都在1%的水平上显著为正；城镇居民人均可支配收入对东部地区城镇居民消费影响的回归结果在1%的水平上显著为正；少年儿童抚养比对东部地区城镇居民消费的影响只有在缩减经济规模的预算内外财政收入分权模型中显著为正；人均民生财政支出对东部地区城镇居民消费的影响只有在预算内外财政支出分权模型中显著为负；老年人口抚养比、金融危机、2002年所得税收入分享改革、新型农村合作医疗等对东部地区城镇居民消费的影响都不显著。

表7-2　　　　　　大国预算内外财政分权与东部地区城镇居民
消费关系的回归结果

VARIABLES	（5）	（6）	（7）	（8）
	nwfd_r	nwfd_e	snwfd_r	snwfd_e
	3.728***	5.276***	4.058***	2.468***
	（11.13）	（6.970）	（10.19）	（3.179）

续表

VARIABLES	(5) nwfd_r	(6) nwfd_e	(7) snwfd_r	(8) snwfd_e
lncrjsr	0.247***	0.228***	0.300***	0.363***
	(4.977)	(3.848)	(5.953)	(5.981)
burchi	0.684	0.618	0.996**	0.501
	(1.474)	(1.155)	(2.052)	(0.840)
burold	0.124	−1.016	−0.190	−0.891
	(0.190)	(−1.343)	(−0.282)	(−1.061)
lnrjmscz	0.0301	−0.0671**	0.0264	−0.0474
	(1.283)	(−2.473)	(1.090)	(−1.590)
$dump_1$	−0.0550	−0.0877	−0.0514	−0.0388
	(−0.735)	(−1.013)	(−0.664)	(−0.411)
$dump_2$	0.0237	0.0379	0.0483	−0.0711
	(0.159)	(0.220)	(0.313)	(−0.377)
$dump_6$	0.162	−0.165	0.158	−0.117
	(1.091)、	(−0.973)	(1.029)	(−0.628)
Constant	3.570***	2.679***	2.993***	3.712***
	(7.830)	(4.313)	(6.012)	(5.020)
Observations	196	196	196	196

t-statistics in parentheses

*** $p<0.01$，** $p<0.05$，* $p<0.1$

7.1.2 大国财政分权对东部地区农村居民消费的影响研究

（1）大国预算内财政分权对东部地区农村居民消费的影响研究

根据表7-3，预算内财政收入分权、预算内财政支出分权和缩

减经济规模的预算内财政收入分权对东部地区农村居民消费的影响
在1%的水平上显著为正，缩减经济规模的预算内财政支出分权的
回归结果不显著；农村居民人均可支配收入对东部地区农村居民消
费的影响在1%的水平上显著为正；少年儿童抚养比对东部地区农
村居民消费的影响显著为正；老年人口抚养比对东部地区农村居民
消费的影响显著为负。在预算内财政支出分权模型中，取消农业税
对东部地区农村居民消费的影响在1%的水平上显著为负；在缩减
经济规模的预算内财政支出分权模型中，取消农业税对东部地区农
村居民消费的影响在10%的水平上显著为负。在预算内财政支出
分权模型中，新型农村社会养老保险对东部地区农村居民消费的影
响在5%的水平上显著为负。人均民生财政支出、金融危机、营改
增试点的回归结果基本不显著。

表7-3　　大国预算内财政分权与东部地区农村居民消费关系的回归结果

VARIABLES	（1） fd_r	（2） fd_e	（3） sfd_r	（4） sfd_e
	3.437***	3.801***	3.512***	0.847
	（8.984）	（4.858）	（7.673）	（1.084）
lnurjsr	0.400***	0.580***	0.451***	0.667***
	（5.229）	（7.108）	（5.715）	（7.923）
burchi	1.184**	1.258**	1.417***	1.287**
	（2.433）	（2.291）	（2.785）	（2.196）
burold	−1.917**	−2.877***	−2.142***	−2.701***
	（−2.502）	（−3.336）	（−2.685）	（−2.940）
lnrjmscz	−0.0114	−0.0484	−0.0117	−0.0339
	（−0.409）	（−1.527）	（−0.399）	（−1.012）
dump$_1$	−0.0867	−0.130	−0.0976	−0.0800
	（−0.934）	（−1.233）	（−1.008）	（−0.715）

续表

VARIABLES	（1）	（2）	（3）	（4）
	fd_r	fd_e	sfd_r	sfd_e
dump₃	−0.0972	−0.120	−0.111	−0.125
	（−0.787）	（−0.858）	（−0.859）	（−0.849）
dump₄	−0.0609	−0.352***	−0.0535	−0.274*
	（−0.511）	（−2.638）	（−0.428）	（−1.946）
dump₅	−0.181	−0.353**	−0.195	−0.207
	（−1.308）	（−2.187）	（−1.349）	（−1.217）
Constant	2.463***	0.388	2.091***	1.751**
	（4.011）	（0.489）	（3.262）	（1.999）
Observations	196	196	196	196

t-statistics in parentheses

*** p<0.01， ** p<0.05， * p<0.1

（2）大国预算内外财政分权对东部地区农村居民消费的影响研究

根据表7-4的回归结果，预算内外财政收入分权、预算内外财政支出分权和缩减经济规模的预算内外财政收入分权对东部地区农村居民消费的影响在1%的水平上显著为正，缩减经济规模的预算内外财政支出分权的回归结果在5%的水平上显著为正。农村居民人均可支配收入对东部地区农村居民消费的影响在1%的水平上显著为正。在预算内外财政收入分权、预算内外财政支出分权和缩减经济规模的预算内外财政收入分权模型中，少年儿童抚养比对东部地区农村居民消费的影响在1%的水平上显著为正；在缩减经济规模的预算内外财政支出分权模型中，少年儿童抚养比对东部地区农村居民消费的影响在5%的水平上显著为正。在所有财政分权模型中，老年人口抚养比对东部地区农村居民消费的影响均在1%的水平上显著为负。新型农村社会养老保险对东部地区农村居民消费的影响在预算内外财政支出分权模型和缩减经济规模的预算内外财政支出分权模型中显著为负；人均民生财政支出、金融危机、营改增试点、取消农业税的回归结果基本上不显著。

表7-4　大国预算内外财政分权与东部地区农村居民消费关系的回归结果

VARIABLES	（5）	（6）	（7）	（8）
	nwfd_r	nwfd_e	snwfd_r	snwfd_e
	3.954***	6.167***	4.040***	2.193**
	(11.10)	(7.690)	(9.367)	(2.595)
lnurjsr	0.381***	0.528***	0.442***	0.661***
	(5.416)	(6.961)	(6.002)	(7.971)
burchi	1.270***	1.475***	1.546***	1.480**
	(2.809)	(2.899)	(3.209)	(2.541)
burold	−2.029***	−3.199***	−2.285***	−2.959***
	(−2.858)	(−4.001)	(−3.034)	(−3.253)
lnrjmscz	0.0111	−0.0440	0.00996	−0.0350
	(0.424)	(−1.509)	(0.358)	(−1.066)
$dump_1$	−0.136	−0.231**	−0.148	−0.128
	(−1.571)	(−2.334)	(−1.608)	(−1.145)
$dump_3$	−0.0418	−0.0861	−0.0616	−0.1210
	(−0.364)	(−0.668)	(−0.505)	(−0.834)
$dump_4$	0.129	−0.252**	0.132	−0.246*
	(1.129)	(−2.059)	(1.078)	(−1.782)
$dump_5$	−0.0666	−0.400***	−0.0889	−0.254
	(−0.515)	(−2.705)	(−0.648)	(−1.524)
Constant	1.833***	−1.220	1.399**	0.773
	(3.207)	(−1.554)	(2.282)	(0.837)
Observations	196	196	196	196

t-statistics in parentheses

*** p<0.01，** p<0.05，* p<0.1

7.1.3　小结

根据回归结果，我们发现大国预算内外财政分权对东部地区城镇居民消费的影响均在1%的水平上显著；在大国预算内财政分权模型中，也只有缩减经济规模的预算内财政支出分权对东部地区城镇居民消费的影响不显著为正，其余分权指标的回归结果均在1%的水平上显著。城镇居民人均可支配收入和农村居民人均可支配收入对东部地区城镇居民消费的影响均在1%的水平上显著。少年儿童抚养比对东部地区农村居民消费的影响均显著，对城镇居民消费的影响只在缩减经济规模的预算内外财政收入分权模型中显著。老年人口抚养比对东部地区农村居民消费的影响均显著，对东部地区城镇居民消费的影响均不显著。人均民生财政支出对东部地区农村居民消费的影响均不显著，对东部地区城镇居民消费的影响只在预算内财政支出分权模型和预算内外财政支出分权模型中显著。金融危机对东部地区农村居民消费的影响只在预算内外财政支出分权模型中显著。取消农业税对东部地区农村居民消费的影响在所有财政支出分权模型中均显著。新型农村社会养老保险对东部地区农村居民消费的影响只在预算内外财政支出分权模型和缩减经济规模的预算内外财政支出分权模型中显著。人均民生财政支出和营改增试点均不显著。

7.2　大国财政分权对中部地区城乡居民消费的影响研究

中部地区包括山西、吉林、黑龙江、安徽、江西、河南、湖北、湖南8个省，我们依据中部8个省1995—2022年的面板数据，实证检验大国财政分权对中部地区城乡居民消费的影响。

7.2.1 大国财政分权对中部地区城镇居民消费的影响研究

（1）大国预算内财政分权对中部地区城镇居民消费的影响研究

根据表7-5的回归结果，所有预算内财政分权指标对中部地区城镇居民消费的影响都显著为正；少年儿童抚养比对中部地区城镇居民消费的影响均在1%的水平上显著为正；老年人口抚养比对中部地区城镇居民消费的影响均在1%的水平上显著为负；人均民生财政支出对中部地区城镇居民消费的影响均在1%的水平上显著为正；城镇居民人均可支配收入、金融危机、2002年所得税收入分享改革和新型农村合作医疗的回归结果基本上不显著。

表7-5 大国预算内财政分权与中部地区城镇居民消费关系的回归结果

VARIABLES	（1） fd_r	（2） fd_e	（3） sfd_r	（4） sfd_e
	1.192***	1.197**	1.267***	1.222**
	(2.610)	(2.121)	(2.665)	(2.090)
lncrjsr	0.0537	0.0566	0.0578	0.0657
	(0.827)	(0.868)	(0.893)	(1.009)
burchi	3.406***	3.656***	3.438***	3.713***
	(7.622)	(7.758)	(7.686)	(7.717)
burold	−2.854***	−3.181***	−2.868***	−3.244***
	(−3.087)	(−3.489)	(−3.110)	(−3.567)
lnrjmscz	0.207***	0.195***	0.205***	0.195***
	(4.270)	(3.589)	(4.227)	(3.588)
$dump_1$	0.0746	0.0574	0.0770	0.0621
	(1.003)	(0.764)	(1.036)	(0.828)
$dump_2$	0.0693	0.0193	0.0730	0.0168
	(0.467)	(0.133)	(0.492)	(0.115)
$dump_6$	0.129	0.0790	0.131	0.0819
	(0.922)	(0.561)	(0.936)	(0.581)

续表

VARIABLES	（1）	（2）	（3）	（4）
	fd_r	fd_e	sfd_r	sfd_e
Constant	5.302***	4.981***	5.249***	4.894***
	（11.03）	（9.182）	（10.84）	（8.645）
Observations	224	224	224	224

t-statistics in parentheses

*** p<0.01, ** p<0.05, * p<0.1

（2）大国预算内外财政分权对中部地区城镇居民消费的影响研究

根据表7-6的回归结果，所有预算内外财政分权指标对中部地区城镇居民消费的影响都在10%的水平上显著为正；少年儿童抚养比对中部地区城镇居民消费的影响都在1%的水平上显著为正；老年人口抚养比对中部地区城镇居民消费的影响都在1%的水平上显著为负；人均民生财政支出对中部地区城镇居民消费的影响都在1%的水平上显著为正；城镇居民人均可支配收入、金融危机、2002年所得税收入分享改革和新型农村合作医疗的回归结果都不显著。

表7-6　大国预算内外财政分权与中部地区城镇居民消费关系的回归结果

VARIABLES	（5）	（6）	（7）	（8）
	nwfd_r	nwfd_e	snwfd_r	snwfd_e
	0.903*	1.154*	0.983*	1.154*
	（1.879）	（1.711）	（1.948）	（1.663）
lncrjsr	0.0682	0.0531	0.0718	0.0620
	（1.045）	（0.809）	（1.100）	（0.948）
burchi	3.400***	3.610***	3.427***	3.659***
	（7.547）	（7.597）	（7.596）	（7.511）

续表

VARIABLES	（5）	（6）	（7）	（8）
	nwfd_r	nwfd_e	snwfd_r	snwfd_e
burold	−2.989***	−3.210***	−2.993***	−3.274***
	（−3.204）	（−3.506）	（−3.217）	（−3.587）
lnrjmscz	0.238***	0.207***	0.236***	0.209***
	（5.197）	（3.802）	（5.170）	（3.834）
dump₁	0.0626	0.0415	0.0639	0.0468
	（0.833）	（0.536）	（0.852）	（0.609）
dump₂	0.0275	0.0154	0.0325	0.0111
	（0.184）	（0.104）	（0.218）	（0.0747）
dump₆	0.146	0.0978	0.149	0.100
	（1.031）	（0.694）	（1.051）	（0.713）
Constant	5.090***	4.954***	5.027***	4.884***
	（9.560）	（8.450）	（9.256）	（7.899）
Observations	224	224	224	224

t-statistics in parentheses

*** p<0.01，** p<0.05，* p<0.1

7.2.2 大国财政分权对中部地区农村居民消费的影响研究

（1）大国预算内财政分权对中部地区农村居民消费的影响研究

根据表7-7的回归结果，所有预算内财政分权指标对中部地区农村居民消费的影响都在1%的水平上显著为负；农村居民人均可支配收入对中部地区农村居民消费的影响在1%的水平上显著为负；少年儿童抚养比对中部地区农村居民消费的影响均在1%的水平上显著为负；老年人口抚养比对中部地区农村居民消费的影响在1%

的水平上显著为负；在预算内财政支出分权模型中，金融危机对中部地区农村居民消费的影响在10%的水平上显著为正；营改增试点对中部地区农村居民消费的影响在不同程度上均显著为正；新型农村社会养老保险对中部地区农村居民消费的影响均在1%的水平上显著为正；人均民生财政支出、取消农业税的回归结果不显著。

表7-7　大国预算内财政分权与中部地区农村居民消费关系的回归结果

VARIABLES	（1）	（2）	（3）	（4）
	fd_r	fd_e	sfd_r	sfd_e
	−1.942***	−3.184***	−2.047***	−3.259***
	(−3.936)	(−4.418)	(−3.969)	(−4.369)
lnurjsr	−0.304***	−0.337***	−0.304***	−0.334***
	(−3.525)	(−3.893)	(−3.524)	(−3.851)
burchi	−1.726***	−2.585***	−1.785***	−2.757***
	(−3.612)	(−4.936)	(−3.728)	(−5.072)
burold	−6.802***	−6.430***	−6.824***	−6.392***
	(−6.563)	(−6.465)	(−6.582)	(−6.429)
lnrjmscz	0.0273	0.0815	0.0244	0.0718
	(0.538)	(1.541)	(0.482)	(1.371)
dump_1	0.110	0.142*	0.111	0.139
	(1.298)	(1.668)	(1.310)	(1.626)
dump_3	0.280**	0.223*	0.289**	0.239**
	(2.298)	(1.937)	(2.360)	(2.053)
dump_4	0.00612	0.169	0.00367	0.167
	(0.0551)	(1.554)	(0.0330)	(1.529)
dump_5	0.662***	0.805***	0.661***	0.787***
	(4.873)	(5.581)	(4.871)	(5.505)

VARIABLES	（1）fd_r	（2）fd_e	（3）sfd_r	（4）sfd_e
Constant	11.24***	12.83***	11.29***	12.88***
	（15.69）	（14.24）	（15.68）	（14.08）
Observations	224	224	224	224

t-statistics in parentheses

*** p<0.01，** p<0.05，* p<0.1

（2）大国预算内外财政分权对中部地区农村居民消费的影响研究

根据表7-8的回归结果，所有预算内财政分权指标对中部地区农村居民消费的影响均在1%的水平上显著为负；农村居民人均可支配收入对中部地区农村居民消费的影响均在1%的水平上显著为负；少年儿童抚养比对中部地区农村居民消费的影响均在1%的水平上显著为负；老年人口抚养比对中部地区农村居民消费的影响在1%的水平上显著为负；在预算内外财政支出分权模型和缩减经济规模的预算内外财政支出分权模型中，金融危机对中部地区农村居民消费的影响在5%的水平上显著为正；营改增试点对中部地区农村居民消费的影响均在不同的水平上显著为正；新型农村社会养老保险对中部地区农村居民消费的影响均在1%的水平上显著为正；人均民生财政支出、取消农业税的回归结果均不显著。

表7-8　　大国预算内外财政分权与中部地区农村居民消费关系的回归结果

VARIABLES	（5）nwfd_r	（6）nwfd_e	（7）snwfd_r	（8）snwfd_e
	−1.816***	−3.597***	−1.928***	−3.639***
	（−3.890）	（−4.384）	（−3.937）	（−4.300）

续表

VARIABLES	（5） nwfd_r	（6） nwfd_e	（7） snwfd_r	（8） snwfd_e
lnurjsr	−0.293***	−0.305***	−0.292***	−0.299***
	（−3.404）	（−3.564）	（−3.399）	（−3.504）
burchi	−1.670***	−2.554***	−1.728***	−2.737***
	（−3.499）	（−4.896）	（−3.617）	（−5.033）
burold	−6.666***	−6.397***	−6.690***	−6.339***
	（−6.488）	（−6.436）	（−6.512）	（−6.381）
lnrjmscz	0.00625	0.0656	0.00229	0.0535
	（0.124）	（1.263）	（0.0453）	（1.041）
$dump_1$	0.135	0.218**	0.137	0.211**
	（1.562）	（2.372）	（1.586）	（2.304）
$dump_3$	0.247**	0.221*	0.257**	0.237**
	（2.076）	（1.918）	（2.147）	（2.037）
$dump_4$	−0.0523	0.107	−0.0563	0.105
	（−0.454）	（0.997）	（−0.488）	（0.977）
$dump_5$	0.607***	0.817***	0.605***	0.794***
	（4.545）	（5.611）	（4.537）	（5.511）
Constant	11.35***	13.04***	11.41***	13.06***
	（15.53）	（13.89）	（15.51）	（13.70）
Observations	224	224	224	224

t-statistics in parentheses

*** p<0.01， ** p<0.05， * p<0.1

7.2.3　小　结

根据回归结果，我们发现大国预算内财政分权对中部地区城镇居民消费影响的回归结果都在1%的水平上显著为正，但是对中部地区农村居民消费影响的回归结果都在1%的水平上显著为负。城镇居民人均可支配收入对中部地区城镇居民消费影响的回归结果均不显著，但农村居民人均可支配收入对中部地区农村居民消费影响的回归结果均显著为负。少年儿童抚养比对中部地区城镇居民消费的影响均在1%的水平上显著为正，但对中部地区农村居民消费的影响均在1%的水平上显著为负。老年人口抚养比对中部地区城镇居民消费和中部地区农村居民消费的影响均在1%的水平上显著为负。人均民生财政支出对中部地区城镇居民消费的影响均在1%的水平上显著为正，但对中部地区农村居民消费的影响均不显著。金融危机、2002年所得税收入分享改革和新型农村合作医疗对中部地区城镇居民消费的影响均不显著。在预算内财政支出分权、预算内外财政支出分权和缩减经济规模的预算内外财政支出分权模型中，金融危机对中部地区农村居民消费影响的回归结果均显著为正。营改增试点和新型农村社会养老保险对中部地区农村居民消费的影响均显著为正。取消农业税对中部地区农村居民消费影响的回归结果都不显著。

7.3　大国财政分权对西部地区城乡居民消费的影响研究

西部地区包括重庆、四川、贵州、云南、西藏、陕西、甘肃、青海、宁夏、新疆、广西、内蒙古12个省级行政区。同本书4.2部分的考虑一样，本章的研究样本中去掉了重庆、四川和西藏。我们依据西部9个省级行政区1995—2022年的面板数据，实证检验了大国财政分权对西部地区城乡居民消费的影响。

7.3.1 大国财政分权对西部地区城镇居民消费的影响研究

（1）大国预算内财政分权对西部地区城镇居民消费的影响

根据表7-9的回归结果，所有预算内财政分权指标对西部地区城镇居民消费的影响都不显著，因此不再进行详细说明。

表7-9 大国预算内财政分权与西部地区城镇居民消费关系的回归结果

VARIABLES	(1)	(2)	(3)	(4)
	fd_r	fd_e	sfd_r	sfd_e
	0.408	0.409	0.400	0.271
	(0.985)	(0.679)	(0.942)	(0.452)
lncrjsr	0.203**	0.220***	0.204**	0.222***
	(2.458)	(2.744)	(2.477)	(2.758)
burchi	1.236**	1.055**	1.216**	1.028*
	(2.186)	(2.012)	(2.166)	(1.967)
burold	4.046***	4.177***	4.061***	4.085***
	(3.639)	(3.456)	(3.633)	(3.305)
lnrjmscz	0.0315	0.0131	0.0309	0.0209
	(0.793)	(0.240)	(0.774)	(0.376)
$dump_1$	0.00872	0.00648	0.00888	0.00829
	(0.111)	(0.0820)	(0.113)	(0.105)
$dump_2$	−0.142	−0.174	−0.144	−0.182
	(−0.888)	(−1.133)	(−0.903)	(−1.189)
$dump_6$	0.301**	0.291*	0.301**	0.294**
	(2.030)	(1.949)	(2.030)	(1.973)
Constant	5.308***	5.174***	5.312***	5.250***
	(8.121)	(7.159)	(8.127)	(7.287)
Observations	252	252	252	252

t-statistics in parentheses

*** p<0.01, ** p<0.05, * p<0.1

（2）大国预算内外财政分权对西部地区城镇居民消费的影响

根据表7-10的回归结果，所有预算内外财政分权指标对西部地区城镇居民消费的影响都不显著，因此不再进行详细说明。

表7-10　　　　大国预算内外财政分权与西部地区城镇居民消费关系的回归结果

VARIABLES	（5）nwfd_r	（6）nwfd_e	（7）snwfd_r	（8）snwfd_e
	−0.0667	0.564	−0.102	0.383
	（−0.163）	（0.846）	（−0.243）	（0.578）
lncrjsr	0.223***	0.218***	0.224***	0.220***
	（2.746）	（2.706）	（2.759）	（2.739）
burchi	0.986*	1.073**	0.973*	1.034**
	（1.749）	（2.041）	（1.739）	（1.978）
burold	3.782***	4.266***	3.755***	4.163***
	（3.385）	（3.528）	（3.342）	（3.359）
lnrjmscz	0.0389	0.00744	0.0392	0.0162
	（0.997）	（0.138）	（1.004）	（0.294）
$dump_1$	0.0127	−0.00137	0.0132	0.00300
	（0.160）	（−0.0171）	（0.168）	（0.0375）
$dump_2$	−0.203	−0.167	−0.207	−0.178
	（−1.292）	（−1.091）	（−1.315）	（−1.160）
$dump_6$	0.300**	0.292*	0.300**	0.295**
	（2.020）	（1.960）	（2.016）	（1.981）
Constant	5.424***	5.088***	5.441***	5.188***
	（7.971）	（6.866）	（7.993）	（7.036）
Observations	252	252	252	252

t-statistics in parentheses

*** p<0.01，** p<0.05，* p<0.1

7.3.2 大国财政分权对西部地区农村居民消费的影响研究

（1）大国预算内财政分权对西部地区农村居民消费的影响

根据表7-11的回归结果，所有预算内财政分权对西部地区农村居民消费的影响都不显著，因此不再进行详细说明。

表7-11 大国预算内财政分权与西部地区农村居民消费关系的回归结果

VARIABLES	（1） fd_r	（2） fd_e	（3） sfd_r	（4） sfd_e
	0.0704	−0.454	0.0979	−0.346
	（0.265）	（−1.115）	（0.360）	（−0.859）
lnurjsr	0.109**	0.112**	0.109**	0.112**
	（2.149）	（2.240）	（2.135）	（2.222）
burchi	0.285	0.222	0.294	0.248
	（0.817）	（0.675）	（0.848）	（0.757）
burold	−4.622***	−5.161***	−4.592***	−5.083***
	（−6.135）	（−6.227）	（−6.045）	（−5.991）
lnrjmscz	−0.00905	0.00907	−0.00892	0.00589
	（−0.314）	（0.273）	（−0.311）	（0.173）
$dump_1$	−0.00949	0.00574	−0.0105	0.00254
	（−0.172）	（0.104）	（−0.191）	（0.0462）
$dump_3$	0.139*	0.153*	0.137*	0.151*
	（1.749）	（1.964）	（1.727）	（1.934）
$dump_4$	0.0640	0.0661	0.0651	0.0648
	（0.876）	（0.916）	（0.891）	（0.897）

VARIABLES	（1）fd_r	（2）fd_e	（3）sfd_r	（4）sfd_e
dump₅	−0.0255	−0.00233	−0.0269	−0.00816
	（−0.307）	（−0.0280）	（−0.324）	（−0.0985）
Constant	6.524***	6.839***	6.513***	6.763***
	（15.58）	（14.47）	（15.57）	（14.51）
Observations	252	252	252	252

t-statistics in parentheses

*** p<0.01，** p<0.05，* p<0.1

（2）大国预算内外财政分权对西部地区农村居民消费的影响

根据表7-12的回归结果，所有预算内外财政分权指标对西部地区农村居民消费的影响都不显著，因此不再进行详细说明。

表7-12　　　大国预算内外财政分权与西部地区
农村居民消费关系的回归结果

VARIABLES	（5）nwfd_r	（6）nwfd_e	（7）snwfd_r	（8）snwfd_e
	0.0333	−0.398	0.0531	−0.270
	（0.131）	（−0.877）	（0.205）	（−0.604）
lnurjsr	0.111**	0.113**	0.110**	0.112**
	（2.182）	（2.255）	（2.174）	（2.234）
burchi	0.268	0.224	0.274	0.248
	（0.776）	（0.678）	（0.799）	（0.756）
burold	−4.656***	−5.062***	−4.634***	−4.969***
	（−6.196）	（−6.093）	（−6.115）	（−5.830）

续表

VARIABLES	(5) nwfd_r	(6) nwfd_e	(7) snwfd_r	(8) snwfd_e
lnrjmscz	−0.00927	0.00475	−0.00898	0.00111
	(−0.318)	(0.144)	(−0.309)	(0.0327)
dump$_1$	−0.00834	0.00875	−0.00930	0.00357
	(−0.150)	(0.154)	(−0.167)	(0.0630)
dump$_3$	0.141*	0.150*	0.140*	0.148*
	(1.796)	(1.929)	(1.782)	(1.900)
dump$_4$	0.0629	0.0611	0.0641	0.0610
	(0.853)	(0.849)	(0.868)	(0.846)
dump$_5$	−0.0226	−0.00366	−0.0233	−0.0104
	(−0.275)	(−0.0436)	(−0.284)	(−0.124)
Constant	6.537***	6.810***	6.526***	6.721***
	(15.24)	(13.82)	(15.23)	(13.90)
Observations	252	252	252	252

t-statistics in parentheses

*** p<0.01，** p<0.05，* p<0.1

7.3.3 小 结

根据回归结果我们发现，大国预算内财政分权和大国预算内外财政分权无论是对西部地区城镇居民消费还是对西部地区农村居民消费，影响都不显著。

7.4 本章小结

在第4至6章实证检验的基础上，本章进一步深入分析了大国财政分权对东、中、西部区域城乡居民消费的影响，这有助于我们更加全面、细致地了解财政分权对大国居民消费的影响。在本章，我们得到了如下结论：

第一，大国财政分权对东部地区城乡居民消费的影响、对中部地区城镇居民消费的影响和对中部地区农村居民消费的影响都显著。

第二，大国财政分权对东部地区城乡居民消费的影响和对中部地区城镇居民消费的影响为正，而对中部地区农村居民消费的影响为负。

第三，影响程度对比的结果：整体上大国财政分权对东部地区城乡居民消费的影响程度要大于中部地区，对中部地区的影响程度又要大于对西部地区的影响程度。

第四，东部地区的城镇居民人均可支配收入对城镇居民消费的影响都在1%的水平上显著为正，西部地区的城镇居民人均可支配收入对城镇居民消费的影响分别在1%或5%的水平上显著为正，中部地区的城镇居民人均可支配收入对城镇居民消费影响的回归结果均不显著；东部地区的农村居民人均可支配收入对农村居民消费的影响都在1%的水平上显著为正，西部地区的农村居民人均可支配收入对农村居民消费的影响都在5%的水平上显著为负，中部地区的农村居民人均可支配收入对农村居民消费影响都在1%的水平上显著为负。城镇居民人均可支配收入对城镇居民消费的影响程度按高低排序为东部地区、西部地区、中部地区；农村居民人均可支配收入对农村居民消费的影响程度按高低排序为东部地区、中部地区、西部地区。整体上东部和中部地区人均可支配收入对农村居民消费的影响程度要高于对城镇居民消费的影响程度，而西部地区人均可支配收入对城镇居民消费的影响程度要高于对农村居民消费的影响程度。这说明凯恩斯的绝对收入假说在东部和西部地区得到了较为有力的验证。

第五，少年儿童抚养比对东部地区农村居民消费的影响均显著，对城镇居民消费的影响只在缩减经济规模的预算内外财政收入分权模型中显著。少年儿童抚养比对中部地区城镇居民消费的影响均在1%的水平上显著为正，但对中部地区农村居民消费的影响均在1%的水平上显著为负。少年儿童抚养比对西部地区城镇居民消费的影响均显著为正，对西部地区农村居民消费的影响均不显著。老年人口抚养比对东部地区农村居民消费的影响均显著，对东部地区城镇居民消费的影响均不显著。老年人口抚养比对中部地区城镇居民消费和农村居民消费的影响均在1%的水平上显著为负。老年人口抚养比对西部地区城镇居民消费的影响均在1%的水平上显著为正，对西部地区农村居民消费的影响均在1%的水平上显著为负。这说明生命周期理论在东部和中部地区得到了验证，该理论对西部地区则完全不适用。

第六，金融危机对东部地区农村居民消费的影响只在预算内外财政支出分权模型中显著，对东部地区城镇居民消费的影响不显著。金融危机对中部地区农村居民消费的影响在预算内财政支出分权模型、预算内外财政支出分权模型和缩减经济规模的预算内外财政支出分权模型中显著，对中部地区城镇居民消费的影响均不显著。金融危机对西部地区城乡居民消费的影响都不显著。

第七，2002年所得税收入分享改革对东、中和西部地区城镇居民消费影响的回归结果均不显著。

第八，营改增试点对东部地区农村居民消费的影响均不显著，对中部和西部地区农村居民消费的影响均显著为正。

第九，取消农业税对东部地区农村居民消费的影响只在所有财政支出分权模型中显著。取消农业税对中部和西部地区农村居民消费影响的回归结果都不显著。

第十，新型农村社会养老保险对东部地区农村居民消费的影响只在预算内财政支出分权模型和预算内外财政支出分权模型中显著，对中部地区农村居民消费的影响均显著为正，对西部地区农村居民消费影响均不显著。

第十一，新农村合作医疗对东部和中部地区城镇居民消费影响的回归结果都不显著，对西部地区城镇居民消费影响的回归结果显著为正。

第8章 结论、政策建议以及研究展望

8.1 结 论

中国作为一个大国，居民消费需求低迷，经济发展进入新常态，实施供给侧结构性改革，构建现代财政体制，在这样的大背景下，本书梳理了财政分权影响居民消费的理论模型，分析了大国财政分权影响居民消费的机理，运用1995—2022年27个省级行政区的面板数据，实证检验大国财政分权对居民消费的影响。我们的研究得到了如下重要结论：

第一，本书依据第一代、第二代财政分权理论以及绝对收入假说、生命周期理论，借鉴 Hamid Davoodi 和 Hengfu Zou（1998）以及贺俊、刘亮亮和张玉娟（2016）的研究成果，推导出财政分权是居民消费的函数，从理论上证明了财政分权对居民消费的影响，然后从财政收入分权、财政支出分权、转移支付三个方面分析了财政分权对居民消费的影响。央地之间的财政收入分权会影响到地方政府的税收努力、隐形负债的数量、预算外收入和制度外收入的规模以及对土地财政的依赖程度，这些都会影响到一个国家的居民消费。央地之间的财政支出分权则会影响到地方政府的公共支出结构偏向，地方政府迫于财源和经济发展的双重压力，会更多地把钱花在有利于企业的经济性支出上，而更少地把钱花在有利于居民个人的民生性支出上，这会影响到居民心理对未来养老、健康等不确定性的判断，从而降低当期的居民消费水平。中央对地方政府的转移支付，不论是有条件还是无条件，都会或多或少漏出一部分到私人部门，从而提高居民消费水平。

第二，本书根据 1995—2022 年 27 个省级行政区的财政分权与居民消费的面板回归结果，我们用 8 种指标来度量财政分权，所有指标对居民消费的影响都显著为正，这说明大国财政分权对居民消费的影响不仅显著而且稳健，与理论推导的结果完全一致。另外，所有财政支出分权对居民消费的影响系数都要大于财政收入分权对居民消费的影响系数，这说明央地财政支出分权框架下地方政府的公共支出偏向对居民消费产生的影响比较大。

第三，本书根据 1995—2022 年 24 个省级行政区的面板数据，分别检验了大国财政分权对城镇居民消费的影响和大国财政分权对农村居民消费的影响，发现大国财政分权对城镇居民消费和农村居民消费的影响都基本上显著为正，但是大国财政分权对农村居民消费的影响程度要明显高于对城镇居民消费的影响程度。

第四，本书根据 1995—2022 年东部地区 10 个省级行政区、中部地区 8 个省级行政区、西部地区 9 个省级行政区的面板数据分别检验了大国财政分权对东部地区居民消费的影响、大国财政分权对中部地区居民消费的影响、大国财政分权对西部地区居民消费的影响。研究结果表明，在所有指标中，除了缩减经济规模的预算内财政支出分权和缩减经济规模的预算内外财政支出分权对东部地区居民消费的影响不显著为正外，其余分权指标对东部地区居民消费的影响都在 1% 的水平上显著为正。预算内财政支出分权对中部地区居民消费的影响显著为正，其余分权指标对中部地区居民消费的影响都不显著。在中部和西部地区，所有财政支出分权的影响系数都大于财政收入分权的影响系数。在东部地区，所有财政支出分权的影响系数都小于财政收入分权的影响系数。就预算内财政收入分权而言，东部和西部地区的影响系数要明显大于中部地区；就预算内财政支出分权而言，西部地区的影响系数要明显大于东部地区，而东部地区的影响系数又要略大于中部地区。就预算内外财政收入分权而言，东部地区的影响系数要略大于西部地区；就预算内外财政支出分权而言，东部地区的影响系数要明显小于西部地区。由此我们也可以看出，在中央和地方的财政关系上，西部地区是最大的赢家，而中部地区处在一个不利的位置。

第五，本书根据 1995—2022 年东部地区 8 个省级行政区、中部地区 8 个省级行政区、西部地区 9 个省级行政区的面板数据，分别检验了大国财政分权对东部、中部、西部地区城乡居民消费的影响。研究结果表明：大国财政分权对东部地区城乡居民消费的影响、对中部地区城镇居民消费的影响和对中部地区农村居民消费的影响都显著，而对西部地区均不显著。大国财政分权对东部地区城乡居民消费的影响和对中部地区城镇居民消费的影响为正，而对中部地区农村居民消费的影响为负。整体上大国财政分权对东部地区城乡居民消费的影响程度要大于对中部地区城乡居民消费的影响程度，对中部地区城乡居民消费的影响程度又要大于对西部地区城乡居民消费的影响程度。

8.2　政策建议

中国作为一个大国，居民消费需求长期不足，居民消费率低于世界其他国家的平均水平，在当前中国与其他国家贸易摩擦不断、经济增速换挡的现实情况下，我们需要寻求扩大居民消费需求的长效机制，以保持经济的持续稳定发展，不断提升老百姓的幸福感。根据理论模型、机理与实证分析，我们证实了大国财政分权对居民消费的影响，下面我们尝试从进一步优化财政分权体制的角度提出扩大居民消费需求、进一步增进人民幸福感的政策建议。

第一，把扩大居民消费需求、提升人民幸福感作为衡量央地财政关系的一条重要标准。到底什么样的财政分权体制才是好的，学界、政界没有统一的看法和标准，我们认为判断央地财政关系应该考虑每个国家的实际情况。在中国当前居民消费需求不足、对经济增长和人民幸福度的提升都有影响的情况下，我们应该把居民有没有钱花、敢不敢花钱作为当前财政分权体制改革的一个目标。此外，居民消费需求的规模和结构、城乡居民消费的差距都是可以落地进行量化的标准，在实际评判央地财政关系时是切实可行的。

第二，优化财政收入分权体制。中央和地方在对财源和财权进行博弈的时候，一个显而易见的事实就是，双方都希望多一点收入、多一点对财政的控制权，这是很正常的。在实际操作当中，如果中央掌控的财政收入过少，失去对财政的控制权，中央的权威性就会受到挑战。这对像中国这样的大国来说，可能会导致分裂、加剧地区间经济发展不平衡等后果。地方如果没有足够的财政收入，就有可能导致县乡财政困境，出现基本的公共职能难以维持的情况，最终会迫使地方进行严厉的税收征管、隐性负债、谋求预算外和制度外收入、热衷于征地卖地等。这些措施会损害居民消费的能力和信心，拉大居民间的财富差距和消费差距。那么如何使央地之间的收入分权进入一个良性循环的轨道呢？我们的看法是中央拿多、地方拿少。中国作为一个大国，必须保证中央的权威性，更何况中央掌握的资金最终会转移支付到地方政府手中，用来平衡地区间的财力，这是大国中央财政最为关键的一项职能。其实在任何时候，财政收入都是不够的，地方政府要保证的是把有限的资金用在刀刃上，使当地居民的福利水平实现最大化。即便地方政府没有出现财政困难问题，其也一样会去谋求更多的财政收入，从而导致居民的可支配收入减少。我们所有关于大国财政分权对城乡居民消费的影响都严谨地证明了可支配收入是影响居民消费的关键因素，因此央地财政收入分权应在《预算法》的严格约束下取得居民手中的部分收入。我们认为优化财政收入分权体制，硬化对地方政府的财政收入约束是关键，必须对地方政府的隐性负债、土地财政在制度上进行规制。①

第三，优化财政支出分权体制。中国经济能够保持长期的高速增长，与各地方政府的地区生产总值的增长速度密不可分。但是，中国经济增速正在换挡，当前经济发展中需求不足的问题非常突出。尽管为了解决需求不足的矛盾，中央于 2015 年明确提出实施供给侧结构性改革，不过这只能解决结构性需求不足的问题，居民消费需求总量不足的问题还得从体制上着手。中国当前的宏观经济问题非常明朗，供给过剩，需求不足，在对外贸易摩擦不断、出口需求疲软的情况下，我们必须大力拉动居民消费需求，更何况居民消费需求的增加直接提升的是老百姓的幸福感，这与政府公共政策的终极目标完全一致。因此，我们认为当前央地财政支出分权体制应该作出的改变是，地方政府的支出重点要放在民生性财政支出上，让老百姓对当前和未来的生活有安全感，这样老百姓才会敢花钱，提升自己当下的生活质量。同时，这样不仅能够扩大居民的消费需求，而且从长远来看能够推动经济的发展。

第四，进一步完善转移支付制度。转移支付是央地财政关系中

---

① 2011 年取消预算外收支，把政府的所有收支行为都纳入预算内，就是硬化预算约束的一种表现。

至关重要的一环。中国作为一个大国，在分税制改革以后，财权集中到中央，中央手中掌握了相当大一部分资金，这对维护中央的权威、履行中央的职能都是有益处的。但是，我们都知道，中央的资金最终还是会以转移支付的形式回到地方政府的手中，而不论是一般性转移支付还是专项转移支付，都是有利于提高居民消费水平的。中央对地方的转移支付一直存在很多问题，如专项转移支付过多等，国发〔2014〕71号文件还专门就规范中央对地方的转移支付提出了指导意见。我们认为中央对地方政府转移支付的主要目的是平衡各地区的财力，实现公共服务均等化，尤其应该注重城乡公共服务均等化问题，这对缩小城乡收入差距和城乡居民消费差距有帮助。

8.3　研究展望

本书对大国财政分权与居民消费之间的关系进行理论与实证分析，得出了一系列有价值的结论，但是尚有以下问题值得进一步深入研究和探讨：

第一，理论模型有待进一步完善。大国财政分权影响居民消费的理论模型主要借鉴了 Hamid Davoodi 和 Hengfu Zou（1998）以及贺俊、刘亮亮和张玉娟（2016）的理论框架。目前关于大国财政分权影响居民消费的理论研究还非常少，而本书作者在理论建模的时候由于动态优化和泛函方面的知识储备还不够，研究不够深入，未来在这方面还有待进一步加强。

第二，财政分权的科学测度还有待进一步研究。关于财政分权影响的实证研究，最为关键的是财政分权的度量问题，目前学界对此没有统一的共识。因此，我们认为关于财政分权的科学测度的确是一个值得认真研究的问题，这是一切财政分权实证分析的基础。

第三，"省直管县"财政体制下各县市财政分权对居民消费的影响是值得研究的课题。由于中国是一个大国，各个地区、各个省（自治区、直辖市）甚至各个县（县级市）的情况都千差万别，因此，不能采取一刀切的做法去适应各个地方的情况。为了让政策建议能够真正落地，具有可操作性，我们还应该更加细致深入地去研究在"省直管县"财政体制下各县市财政分权对居民消费的影响。虽然我们对全国总体的研究认为中国地方政府应该由偏重经济性财政支出向偏重民生性财政支出转变，但是由于中国区域经济发展不平衡，我们推测并非所有的地区都适合侧重民生性财政支出。对于一些经济不发达的地区，当前可能还是应该把钱更多地花在经济性财政支出上，在推动经济发展的同时会增加居民收入，从而扩大居民消费。当然，这个结论还有待进行进一步科学严谨的论证。

第四，居民消费只是一个方面，财政分权体制的建立必须综合考虑多方面的因素。大国财政分权体制的建立是一个系统工程，必须考虑到资源配置、收入分配、经济稳定与发展等方方面面的职能，而且不同时期社会突出的矛盾和焦点还会发生转变。虽然当前宏观经济中居民消费率低的问题比较突出，但是还要结合社会其他矛盾来构建现代财政分权体制，良性的央地财政关系必定是多方利益博弈和权衡的结果。

主要参考文献

[1]　朱红琼. 中央与地方财政关系及其变迁史［M］. 北京：经济科学出版社，2008.

[2]　傅勇. 中国式分权与地方政府行为：探索转变发展模式的制度性框架［M］. 上海：复旦大学出版社，2010.

[3]　付文林. 财政分权、财政竞争与经济绩效［M］. 北京：高等教育出版社，2011.

[4]　欧阳峣. 大国经济研究：第四辑［M］. 北京：经济科学出版社，2012.

[5]　王玮. 地方财政学［M］. 2版. 北京：北京大学出版社，2013.

[6]　袁浩然. 大国地方政府间税收竞争研究——基于中国经验的实证分析［M］. 上海：格致出版社，上海人民出版社，2013.

[7]　国家发展和改革委员会. 2017年中国居民消费发展报告［M］. 北京：人民出版社，2018.

[8]　肖芸，龚六堂. 财政分权框架下的财政政策和货币政策［J］. 经济研究，2003（1）：45-53.

[9]　沈坤荣，付文林. 中国的财政分权制度与地区经济增长［J］. 管理世界，2005（1）：31-39.

[10]　张晏，龚六堂. 分税制改革、财政分权与中国经济增长［J］. 经济学（季刊），2005，4（4）：75-108.

[11] 李淑霞. 俄罗斯制度转型中财政分权问题研究 [J]. 哈尔滨工业大学学报（社会科学版），2006，8（4）：95-100.

[12] 温娇秀. 中国的财政分权与经济增长——基于省级面板数据的实证 [J]. 当代经济科学，2006（5）：109-113.

[13] 王永钦，张晏，章元，等. 中国的大国发展道路——论分权式改革的得失 [J]. 经济研究，2007，42（1）：4-16.

[14] 张晏. 财政分权、FDI竞争与地方政府行为 [J]. 世界经济文汇，2007（2）：22-37.

[15] 傅勇，张晏. 中国式分权与财政支出结构偏向：为增长而竞争的代价 [J]. 管理世界，2007（3）：4-12；22.

[16] 王文剑，仉建涛，覃成林. 财政分权、地方政府竞争与FDI的增长效应 [J]. 管理世界，2007（3）：13-22.

[17] 李淑霞，张中华. 俄罗斯财政分权化管理 [J]. 西伯利亚研究，2007，34（4）：21-25.

[18] 李淑霞. 俄罗斯财政分权程度 [J]. 世界经济研究，2007（7）：82-85；88.

[19] 贾康. 大国财政的新任务 [J]. 当代经济，2007（12）：7.

[20] 周业安，章泉. 财政分权、经济增长和波动 [J]. 管理世界，2008（3）：6-15.

[21] 靳涛. 引资竞争、地租扭曲与地方政府行为——中国转型期经济高速增长背后的"不和谐"分析 [J]. 学术月刊，2008（3）：83-89.

[22] 辜丽珊. 财政分权在转型国家的实践——由中、印财政分权体制对比看中国式财政分权 [J]. 世界经济情况，2008（5）：32-37.

[23] 王德祥，李建军. 财政分权、经济增长与外贸依存度——基于1978—2007年改革开放30年数据的实证分析 [J]. 世界经济研究，2008（8）：15-19；87.

[24] 周建，杨秀祯. 我国农村消费行为变迁及城乡联动机制研究 [J]. 经济研究，2009，44（1）：83-95；105.

[25] 安苑. 财政分权、制度关联与区域投资格局分析——一个比较制度分析的框架 [J]. 经济问题，2009（4）：9-13.

[26] 朱轶，熊思敏. 财政分权、FDI引资竞争与私人投资挤出——基于中国省际面板数据的经验研究 [J]. 财贸研究，2009（4）：77-84.

[27] 杨汝岱，陈斌开. 高等教育改革、预防性储蓄与居民消费行为 [J]. 经济研究，2009，44（8）：113-124.

[28] 甘犁，刘国恩，马双. 基本医疗保险对促进家庭消费的影响 [J]. 经济研究，2010，45（A1）：30-38.

[29] 孙涛，黄少安. 非正规制度影响下中国居民储蓄、消费和代际支持的实证研究：兼论儒家文化背景下养老制度安排的选择 [J]. 经济研究，2010，45（A1）：51-61.

[30] 陈斌开，陆铭，钟宁桦. 户籍制约下的居民消费 [J]. 经济研究，2010，45（A1）：62-71.

[31] 王青，张崎. 分权后财政支出与居民消费关系研究——基于省际面板数据的广义矩估计分析 [J]. 经济经纬，2010（4）：122-126.

[32] 温娇秀. 分税制改革与我国财政分权经济增长效应的跨区差异 [J]. 华东经济管理，2010（4）：60-63.

[33] 王青，张崎. 财政分权对农村居民消费影响的实证研究——基于地方政府竞争视角 [J]. 税务与经济，2010（5）：1-6.

[34] 刘世锦，陈昌盛，许召元，等. 农民工市民化对扩大内需和经济增长的影响 [J]. 经济研究，2010，45（6）：4-16；41.

[35] 卓勇良. 大国中央财政比重应低于小国 [J]. 浙江经济杂志，2010（7）：60.

[36] 童光辉. 财政危机下的税制变迁与税收悖论——我国传统小农经济与大国财政之间的张力 [J]. 中央财经大学学报，2010（9）：1-5.

[37] 何平，高杰，张锐. 家庭欲望、脆弱性与收入-消费关系研究 [J]. 经济研究，2010，45（10）：78-89.

[38] 龚锋，雷欣. 中国式财政分权度的数量测度 [J]. 统计研究，2010（10）：47-55.

[39] 李永友. 需求结构失衡的财政因素：一个分析框架 [J]. 财贸经济，2010（11）：63-70.

[40] 朱信凯，骆晨. 消费函数的理论逻辑与中国化：一个文献综述 [J]. 经济研究，2011，46（1）：140-153.

[41] 吕冰洋. 财政扩张与供需失衡：孰为因？孰为果？[J]. 经济研究，2011，46（3）：18-31.

[42] 刘瑞翔，安同良. 中国经济增长的动力来源与转换展望：基于最终需求角度的分析 [J]. 经济研究，2011，46（7）：30-41；64.

[43] 龚强，王俊，贾珅. 财政分权视角下的地方政府债务研究：一个综

述［J］. 经济研究，2011，46（7）：144-156.

[44] 朱轶，涂斌. 财政分权、投资失衡与工业资本深化——基于中国区域特征的经验研究［J］. 宏观经济研究，2011（11）：28-36.

[45] 周中胜，罗正英. 财政分权、政府层级与企业过度投资——来自地区上市公司面板数据的经验证据［J］. 财经研究，2011，37（11）：4-15.

[46] 巩师恩，范从来. 收入不平等、信贷供给与消费波动［J］. 经济研究，2012，47（A1）：4-14.

[47] 韩立岩，杜春越. 收入差距、借贷水平与居民消费的地区及城乡差异［J］. 经济研究，2012，47（A1）：15-27.

[48] 杨文辉. 利益格局与居民消费［J］. 经济研究，2012，47（A1）：28-37.

[49] 杨华磊，周晓波. 中国城乡及省际人均收入、人均消费数据中凸显的唯象法则［J］. 经济研究，2012，47（A1）：38-52.

[50] 张大永，曹红. 家庭财富与消费：基于微观调查数据的分析［J］. 经济研究，2012，47（A1）：53-65.

[51] 邓可斌，易行健. 中国居民消费决定中的财政分权因素［J］. 经济评论，2012（1）：85-96.

[52] 李淑霞. 俄罗斯财政分权与软预算约束［J］. 国外社会科学，2012（2）：117-124.

[53] 白重恩，李宏彬，吴斌珍. 医疗保险与消费：来自新型农村合作医疗的证据［J］. 经济研究，2012，47（2）：41-53.

[54] 叶德珠，连玉君，黄有光，等. 消费文化、认知偏差与消费行为偏差［J］. 经济研究，2012，47（2）：80-92.

[55] 胡永刚，郭长林. 股票财富、信号传递与中国城镇居民消费［J］. 经济研究，2012，47（3）：115-126.

[56] 臧文斌，刘国恩，徐菲，等. 中国城镇居民基本医疗保险对家庭消费的影响［J］. 经济研究，2012，47（7）：75-85.

[57] 胡永刚，郭新强. 内生增长、政府生产性支出与中国居民消费［J］. 经济研究，2012，47（9）：57-71.

[58] 皮建才. 中国式分权下的地方官员治理研究［J］. 经济研究，2012，47（10）：14-26.

[59] 徐永胜，乔宝云. 财政分权度的衡量：理论及中国1985—2007年的经验分析［J］. 经济研究，2012（10）：4-13.

[60] 吴俊培，李淼焱. 财政联邦主义理论述评 [J]. 财政监督，2012（22）：23-28.

[61] 徐舒，赵绍阳. 养老金"双轨制"对城镇居民生命周期消费差距的影响 [J]. 经济研究，2013，48（1）：83-98.

[62] 颜青. 财政分权、地方政府投资与城镇居民消费增长——基于东部地区的经验研究 [J]. 学术论坛，2013，36（2）：116-119；124.

[63] 周建，艾春荣，王丹枫，等. 中国农村消费与收入的结构效应 [J]. 经济研究，2013，48（2）：122-133.

[64] 胡永刚，郭长林. 财政政策规则、预期与居民消费：基于经济波动的视角 [J]. 经济研究，2013，48（3）：96-107.

[65] 孙秀林，周飞舟. 土地财政与分税制：一个实证解释 [J]. 中国社会科学，2013（4）：40-59.

[66] 王猛，李勇刚，王有鑫. 土地财政、房价波动与城乡消费差距：基于面板数据联立方程的研究 [J]. 产业经济研究，2013（5）：84-92.

[67] 汪伟，郭新强，艾春荣. 融资约束、劳动收入份额下降与中国低消费 [J]. 经济研究，2013，48（11）：100-113.

[68] 陈彦斌，陈小亮，陈伟泽. 利率管制与总需求结构失衡 [J]. 经济研究，2014，49（2）：18-31.

[69] 方福前，俞剑. 居民消费理论的演进与经验事实 [J]. 经济学动态，2014（3）：11-34.

[70] 李涛，陈斌开. 家庭固定资产、财富效应与居民消费：来自中国城镇家庭的经验证据 [J]. 经济研究，2014，49（3）：62-75.

[71] 吕冰洋，毛捷. 高投资、低消费的财政基础 [J]. 经济研究，2014，49（5）：4-18.

[72] 何兴强，史卫. 健康风险与城镇居民家庭消费 [J]. 经济研究，2014，49（5）：34-48.

[73] 邹红，王彦方，李俊峰. 财政分权、政府支出结构与居民消费需求 [J]. 消费经济，2014，30（5）：3-12.

[74] 邓力平，曾聪. 浅议"大国财政"构建 [J]. 财政研究，2014（6）：2-8.

[75] 李一花，刘蓓蓓，高焕洪. 基层财政分权测度与增长效应重估 [J]. 财贸经济，2014（6）：25-35；13.

[76] 任志成，巫强，崔欣欣. 财政分权、地方政府竞争与省级出口增长 [J]. 财贸经济，2015（7）：59-69；108.

[77] 刘尚希，李成威. 国家治理与大国财政的逻辑关联 [J]. 财政监督，2015（15）：5-7.

[78] 贺俊，刘亮亮，张玉娟. 财政分权、政府公共支出结构与居民消费 [J]. 大连理工大学学报（社会科学版），2016，37（1）：31-36.

[79] 刘尚希，李成威. 大国财政：理念、实力和路径 [J]. 地方财政研究，2016（1）：9-14.

[80] 杨志勇，樊慧霞. 新财政治理理论：大国财政与全球经济新秩序 [J]. 地方财政研究，2016（1）：20-27.

[81] 卢洪友. 中国的大国财政定位及建设之路 [J]. 地方财政研究，2016（1）：28-31.

[82] 王雍君，赵国钦. 论大国财政的优势与劣势 [J]. 地方财政研究，2016（1）：15-19；27.

[83] 欧阳峣，傅元海，王松. 居民消费的规模效应及其演变机制 [J]. 经济研究，2016，51（2）：56-68.

[84] 徐国祥，龙硕，李波. 中国财政分权度指数的编制及其与增长、均等的关系研究 [J]. 统计研究，2016，33（9）：36-46.

[85] 李永友，张子楠. 转移支付提高了政府社会性公共品供给激励吗？[J]. 经济研究，2017，52（1）：119-133.

[86] 李江一. "房奴效应"导致居民消费低迷了吗？[J]. 经济学（季刊），2017，17（1）：405-430.

[87] 易先忠，包群，高凌云，等. 出口与内需的结构背离：成因及影响 [J]. 经济研究，2017，52（7）：79-93.

[88] 樊丽明. "大国责任"视角下的"大国财政"分析 [J]. 财政监督，2017（10）：25-32.

[89] 郭克莎，杨阔. 长期经济增长的需求因素制约——政治经济学视角的增长理论与实践分析 [J]. 经济研究，2017，52（10）：4-20.

[90] 付敏杰，张平，袁富华. 工业化和城市化进程中的财税体制演进：事实、逻辑和政策选择 [J]. 经济研究，2017，52（12）：29-45.

[91] 马海涛，任致伟. 财政分权理论回顾与展望 [J]. 财政监督，2017（24）：31-37.

[92] 唐琦, 夏庆杰, 李实. 中国城市居民家庭的消费结构分析: 1995—2013 [J]. 经济研究, 2018, 53 (2): 35-49.

[93] 高培勇. 中国财税改革40年: 基本轨迹、基本经验和基本规律 [J]. 经济研究, 2018, 53 (3): 4-20.

[94] 臧旭恒, 张欣. 中国家庭资产配置与异质性消费者行为分析 [J]. 经济研究, 2018, 53 (3): 21-34.

[95] MODIGLIANI F, BRUMBERG R. Utility analysis and the comsumption function: An interpretation of cross-section data [M] //KURIHARA K K. Post-Keynesian economics. Brunswick, NJ: Rutgers University Press, 1954.

[96] FRIEDMAN M. A theory of the consumption function [M]. Princeton: Princeton University Press, 1957.

[97] MUSGRAVE R A. The theory of public finance: A study in public economy [M]. New York: McGraw-Hill, 1959.

[98] OATES W E. Fiscal federalism [M]. New York: Harcourt Brace Jovanovich, 1972.

[99] TIEBOUT C M. A pure theory of local expenditures [J]. Journal of Political Economy, 1956, 64 (5): 416-424.

[100] OATES W E. Searching for leviathan: An empirical study [J]. American Economic Review, 1985, 75 (4): 748-757.

[101] DEWATRIPONT M, MASKIN E. Credit and efficiency in centralized and decentralized economies [J]. The Review of Economic Studies, 1995, 62 (213): 541-555.

[102] QIAN Y, WEINGAST B R. China's transition to markets: Market-preserving federalism, Chinese style [J]. The Journal of Policy Reform, 1996, 1 (2): 149-185.

[103] QIAN Y, WEINGAST B R. Federalism as a commitment to preserving market incentives [J]. The Journal of Economic Perspectives, 1997, 11 (4): 83-92.

[104] DAVOODI H, ZOU H. Fiscal decentralization and economic growth: A cross-country study [J]. Journal of Urban Economics, 1998, 43 (2): 244-257.

[105] ZHANG T, ZOU H. Fiscal decentralization, public spending, and economic growth in China [J]. Journal of Public Economic, 1998,

67 (2): 221-240.

[106] QIAN Y, ROLAND G. Federalism and the soft budget constraint [J]. The American Economic Review, 1998, 88 (5): 1143-1162.

[107] OATES W E. An essay on fiscal federalism [J]. Journal of Economic Literature, 1999, 37 (3): 1120-1149.

[108] LIN Y, LIU Z. Fiscal decentralization and economic growth in China [J]. Economic Development & Cultural Change, 2000, 49 (1): 1-21.

[109] BERKOWITZ D, LI W. Tax rights in transition economies: A tragedy of the commons [J]. Journal of Public Economics, 2000, 76 (3): 369-397.

[110] ZHURAVASKAYA E. V. Incentives to provide local public goods: Fiscal federalism, Russian style [J]. Journal of Public Economics, 2000, 76 (3): 337-368.

[111] FAGUET J P. Does decentralization increase government responsiveness to local needs? —Evidence from Bolivia [J]. Journal of Public Economics, 2004, 88 (3): 867-893.

[112] MARTINEZ - VAZQUEZ J, RIDER M. Fiscal decentralization and economic growth: A comparative study of China and India [J]. Indian Journal of Economics and Business, 2006, 5 (Special): 29-46.

[113] BLANCHARD O, SHLEIFER A. Federalism with and without political centralization: China versus Russia [R]. IMF Staff Papers, 2001, 48 (4): 171-179.

索引